Stimmungsvolle Weihnachtstexte

Ingeborg Düffert

Stimmungsvolle
Weihnachtstexte

Gedichte, Geschichten, Rätsel, Kinderbriefe
und vieles mehr

**Zu diesem Thema
bereits erschienen:**

Ingeborg Düffert
Kinderverse für
Familienfeste
ISBN 3-332-01087-5

Ingeborg Düffert
Alles Gute!
Der passende Vers zu
jedem Geschenk
ISBN 3-332-01028-X

Ingeborg Düffert
Vortragstexte für
Familienfeste
ISBN 3-332-01245-2

Ingeborg Düffert
Kleines Vortragsbuch
für Familienfeste
ISBN 3-332-01384-X

Ingeborg Düffert
Spiel und Spaß für
Hochzeitsfeiern
ISBN 3-332-01287-8

Ingeborg Düffert
Sag's mit Blumen.
Für jeden Anlass ein
Vers und der passende
Strauß
ISBN 3-332-01297-5

Die Autorin: Ingeborg Düffert moderiert seit vielen
Jahren Feste und Veranstaltungen im norddeutschen
Raum. Sie ist mit Gedichten, Liedern und Wortbei-
trägen häufig im Fernsehsender N 3 zu Gast und hat
im Urania Verlag sieben erfolgreiche Ratgeber
veröffentlicht.

Die Deutsche Bibliothek – CIP-Einheitsaufnahme
Ein Titeldatensatz für diese Publikation ist bei
Der Deutschen Bibliothek erhältlich.

1. Auflage August 2002
© Urania Verlag Berlin
Der Urania Verlag ist ein Unternehmen der
Verlagsgruppe Dornier.
www.dornier-verlage.de
www.urania-verlag.de

Wir danken für Abdruckgenehmigungen:
C. Bertelsmann Verlag, München © 1961: James
Krüss, Der wohltemperierte Leierkasten, S. 64, 104
Fackelträger Verlag, Oldenburg: Das große Heinz-
Erhardt-Buch, S. 9, 90, 108
Falken Verlag. Niedernhausen/Ts.: Bruno H. Bull,
Glückwünsche und Festgedichte,
2. Aufl. 1998, S. 22, 55
Hans Scheibner, Hamburg: S. 16/17, 43/44, 60, 63
Herder Verlag, Freiburg i. Br.: Heilwig von der
Mehden, Alles in schönster Unordnung, S. 98-100
Husum Verlagsgesellschaft © 1983: Hilda Kühl, 'n
bunten Wiehnachtsteller, S. 76
Otto Müller Verlag Salzburg: Karl Heinrich Waggerl,
Das ist die stillste Zeit im Jahr, S. 28-30
Quickborn Verlag Hamburg: Rudolf Kinau, Mien
Wihnachtsbook, S. 67-70
Verlag Friedrich Oetinger: James Krüss, Die
Weihnachtsmaus, S. 95/96

Umschlaggestaltung: Behrend & Buchholz, Hamburg
Titelfoto: Corbis Stock Market, Darama
Lektorat: Dr. Marianne Jabs
Satz: Typographik & Design
Druck: Westermann Druck Zwickau
Printed in Germany

ISBN 3-332-01371-8

Liebe Leserin, lieber Leser ...

Über alles, was Weihnachten ist der Brauch,
findest du hier schöne Verse und Prosa auch.
Du kannst einfach drin lesen jederzeit –
aber bitte, sei auch zum Vortrag bereit!
Mit all diesen Versen und Gedichten
Und, nicht zu vergessen, den Geschichten
hab ich selbst viele Menschen erfreut.
Darum war ich gern bereit,
das Beste davon zusammen zu tragen.
Du wirst dir und anderen Freude machen,
kannst sie zum Nachdenken bringen – oder zum Lachen!

Ingeborg Düffert

Wir begrüßen den Winter

Schneeflöckchen, Weißröckchen,
wann kommst du geschneit?
Du wohnst in den Wolken,
dein Weg ist so weit.

November

Solchen Monat muss man loben:
Keiner kann wie dieser toben,
keiner so verdrießlich sein
und so ohne Sonnenschein!
Keiner so in Wolken maulen,
keiner so mit Sturmwind graulen!
Und wie nass er alles macht!
Ja, es ist 'ne wahre Pracht.

Seht das schöne Schlackerwetter!
Und die armen, welken Blätter,
wie sie tanzen in dem Wind
und so ganz verloren sind!
Wie der Sturm sie jagt und zwirbelt
und sie durcheinander wirbelt
und sie hetzt ohn' Unterlass:
Ja, das ist Novemberspaß.

Und die Scheiben, wie sie rinnen!
Und die Wolken, wie sie spinnen
ihren feuchten Himmelstau
ur und ewig, trüb und grau!
Auf dem Dach die Regentropfen,
wie sie pochen, wie sie klopfen!
Schimmernd hängts an jedem Zweig,
einer dicken Träne gleich.

O wie ist der Mann zu loben,
der solch unvernünft'ges Toben
schon im Voraus hat bedacht
und die Häuser hohl gemacht!
Sodass wir im Trock'nen hausen
und mit stillvergnügtem Grausen
und in wohlgeborg'ner Ruh'
solchen Gräueln schauen zu.

Heinrich Seidel

Überlistet

Wenn Blätter von den Bäumen stürzen,
die Tage täglich sich verkürzen,
wenn Amsel, Drossel, Fink und Meisen
die Koffer packen und verreisen,
wenn all die Maden, Motten, Mücken,
die wir versäumten zu zerdrücken,
von selber sterben – so glaubt mir:
Es steht der Winter vor der Tür!

Ich lass ihn steh'n!
Ich spiel ihm einen Possen!
Ich hab die Tür verriegelt
und gut abgeschlossen!
Er kann nicht rein!
Ich hab ihn angeschmiert!
Nun steht der Winter vor der Tür – – –
und friert!

Heinz Erhardt

Wie wird das Wetter zum Weihnachtsfest?

Schalten wir vor Weihnachten die Wetterkarte ein,
stellt man auch gleich die Frage: Wie wirds Weihnachten sein?
Ob wir wohl Schnee bekommen?, hört man immer wieder fragen.
Doch auch Petrus kann uns das nicht sagen!
Fällt kein Schnee, redet er sich damit raus:
»Frau Holle schüttelt die Betten nicht aus.«
Hats geschneit, sind die Kinder ganz aus dem Haus
und holen sofort ihre Schlitten raus!

Der Winter

Der Winter ist ein rechter Mann,
kernfest und auf die Dauer.
Sein Fleisch fühlt sich wie Eisen an.
Er scheut nicht süß noch sauer.

Wenn Stein und Bein vor Frost zerbricht
und Teich' und Seen krachen:
Das klingt ihm gut, das hasst er nicht,
dann will er sich tot lachen.

Sein Schloss von Eis liegt ganz hinaus
beim Nordpol an dem Strande,
doch hat er auch ein Sommerhaus
im lieben Schweizerlande.

Da ist er denn bald dort, bald hier,
gut Regiment zu führen.
Und wenn er durchzieht, stehen wir
und seh'n ihn an und frieren

Matthias Claudius

Altes Kaminstück

Draußen ziehen weiße Flocken
durch die Nacht, der Sturm ist laut.
Hier im Stübchen ist es trocken,
warm und einsam, stillvertraut.

Sinnend sitz ich auf dem Sessel
an dem knisternden Kamin.
Kochend summt der Wasserkessel
längst verklung'ne Melodien.

Und ein Kätzchen sitzt daneben,
wärmt die Pfötchen an der Glut.
Und die Flammen schweben, weben,
wundersam wird mir zumut.

Dämmernd kommt heraufgestiegen
Manche längst vergess'ne Zeit
wie mit bunten Maskenzügen
und verblich'ner Herrlichkeit.

Schöne Frau'n mit kluger Miene
winken süßgeheimnisvoll,
und dazwischen Harlekine
springen, lachen, lustigtoll.

Ferne grüßen Marmorgötter.
Traumhaft neben ihnen steh'n
Märchenblumen, deren Blätter
in dem Mondenlichte weh'n.

Wackelnd kommt herbeigeschwommen
manches alte Zauberschloss.
Hintendrein geritten kommen
blanke Ritter, Knappentross.

Und das alles zieht vorüber,
schattenhastig übereilt –
Ach, da kocht der Kessel über,
und das nasse Kätzchen heult.

Heinrich Heine

Der Kachelofen

Es war einmal vor langer Zeit
ein schöner Kachelofen,
und ihm sei dieses Lied geweiht,
ein Lied mit vielen Strophen.

Von eines Töpfers Hand erbaut,
so krönte er das Zimmer,
und näher rückte man heran
beim hellen Kerzenschimmer.

Wenn draußen kalt der Ostwind pfiff,
dass es vor Kälte krachte,
dann saß man auf der Ofenbank,
erzählte, sang und lachte.

Ein Pfeifchen wurde hier geraucht
und Äpfel braun gebraten,
und Opapa erzählte stolz
von seinen Heldentaten.

Der Kachelofen ist nicht mehr,
er ist uns längst entschwunden,
mit ihm die gute alte Zeit
mit ihren Dämmerstunden.

Wenn heute kalt der Ostwind pfeift,
um uns zum Zorn zu reizen,
dann bleibt nur eins: nach Preußenart
von innen einzuheizen.

Winternacht

Verschneit liegt ringt die ganze Welt.
Ich hab nichts, was mich freuet.
Verlassen steht der Baum im Feld,
hat längst sein Laub verstreuet.

Der Wind nur geht bei stiller Nacht
und rüttelt an dem Baume.
Da rührt er seinen Wipfel sacht
und redet wie im Traume.

Er träumt von künft'ger Frühlingszeit,
von Grün und Quellenrauschen,
wo er im neuen Blütenkleid
zu Gottes Lob wird rauschen.

Joseph Freiherr von Eichendorff

Am 6. Dezember ist Nikolaustag

Ach, lieber guter Nikolaus,
komm doch einmal in unser Haus!
Hab so lang an dich gedacht!
Hast du mir was mitgebracht?

Morgen kommt der Nikolaus!

Auch zu singen nach der Melodie: »Morgen kommt der Weihnachtsmann«

Kinder, schaut zum Fenster raus,
lasst euch überraschen!
Seht, dort kommt der Nikolaus.
Stellt mal eure Stiefel raus!
Bittet ihn in euer Haus!
Er bringt euch was zu naschen.

Niklaus trägt 'nen großen Sack,
schwer ist er beladen!
Putzt schnell eure Stiefel blank,
stellt sie auf die Fensterbank,
immer schön der Reih entlang!
Das kann bestimmt nicht schaden!

Ist der Niklausmorgen da,
heißt es früh aufstehen.
Jeder rennt dann wie der Wind
schnell zu seinem Stiefel hin.
Schaut, ob da was Schönes drin.
Gleich könnt ihr es sehen.

Dank dir, lieber Nikolaus,
für all die schönen Sachen.
Bitte schau bald wieder rein!
Alle Leut, ob groß, ob klein,
woll'n auch immer artig sein
und dir Freude machen.

Eine wichtige Frage

Wie oft schon fragten am Nikolaustag die Kinder ihren Herrn
Papa: »Gibt es eigentlich nur einen Nikolaus, der alle Kinder
auf der Welt bescheren muss? Das kann er doch gar nicht ganz
alleine schaffen!«

Nun, was sollte der Papa antworten?
Für ihn gabs eine ganze andere Frage, nämlich: »Wie lautet
eigentlich die Mehrzahl von Nikolaus?«
Heißt es nun Nikolaus oder Nikoläuse? In keinem Lexikon
hat er bisher eine Antwort gefunden.
In diesem Jahr wollte er es aber wissen! Er glaubte, eine Lösung gefunden zu haben. In einem Süßwarengeschäft verlangte
er zunächst einen Nikolaus aus Schokolade. Gleich verlangte
er noch einen zweiten und für den Betrag eine Quittung. Nun
war er gespannt, was die Verkäuferin wohl geschrieben hatte.

Zu Hause angekommen entfaltete er sofort das wichtige
Dokument. – Und was musste er lescn?
»Zwei Schokoladen-Weihnachtsmänner«!

So eine Enttäuschung! Die ganze Familie amüsierte sich
köstlich! Nun wusste er immer noch nicht, ob es Nikolaus
oder Nikoläuse heißt.
Wisst ihr es??
Diese kleine Geschichte wird bei uns immer noch am
Nikolaustag erzählt!

St. Nikolaus' Ansprache an die Kinder

Liebe Kinder, jetzt müsst ihr die Nerven behalten
und Mitleid beweisen mit euren Alten,
weil sie zur Weihnachtszeit auf Erden
allesamt – nun ja – etwas wunderlich werden.

Zum Beispiel: Sie müssen euch einfach erpressen,
das ist nun mal immer zu Weihnachten so.
Du wünscht dir 'nen Walkman in Stereo?
Also bitte: dann auch den Spinat aufgegessen!

Da dürft ihr nur lächeln. Und bloß nicht fragen,
was sich die Mutter vielleicht dabei denkt.
Oder: Ob man Spinat seit neuesten Tagen
Auf NDR 2 empfängt?

Andererseits müsst ihr natürlich auch wissen,
dass euch eigentlich gar nichts passieren kann.
Die Erwachsenen wären doch aufgeschmissen
ohne Kinder – mit Christkind und Weihnachtsmann!

Die brauchen euch alle. Und zwar sogar die,
die sich über den Missbrauch des Festes erregen:
»Uns liegt nichts an Weihnachten, wissen Sie.
Wir feiern ja nur noch der Kinder wegen.«

Merkt ihr was? Wenn sie euch weismachen wollen,
ihr dürftet vorm Fest euch rein gar nichts mehr trau'n:
Stimmt gar nicht! Vor Weihnachten könnt ihr aus vollem
Herzen auf sämtliche Pauken hau'n!

Am besten ist: Nicht drüber nachzudenken,
was sie jetzt so erzählen. Sie sind ja zum Schrei'n.
Sie sagen: Ein Wahnsinn mit den vielen Geschenken!
Und kaufen die Sachen waggonweise ein.

Vernünftig ist kaum noch mit ihnen zu reden.
Sie droh'n euch und seh'n euch so merkwürdig an.
Aber dass sie euch eure Geschenke nicht geben
Heiligabend – na, da glauben sie doch selber nicht dran.

Kein Weltuntergang könnte sie daran hindern,
euch unterm Weihnachtsbaum strahlen zu seh'n.
»Man hat ja viel Ärger mit seinen Kindern,
aber Weihnachten ist es doch auch wieder schön!«

Liebe Kinder! Übt Nachsicht! Vor allen Dingen:
Betrachtet das Ganze als riesigen Spaß.
Vielleicht sogar mal ein Weihnachtslied singen?
Es gibt ja so Eltern – die brauchen das!

Und damit, ihr Kinder (und kindischen Leute),
beendet St. Nikolaus seinen Besuch.
Von der Erde zurück in den Himmel noch heute:
Einmal im Jahr – das ist mehr als genug.

Hans Scheibner

Holler, Boller, Rumpelsack,
Ruprecht trug sie huckepack,
Weihnachtsnüsse gelb und braun,
runzlig, punzlig anzuschaun.
Knackt die Schale, springt der Kern,
Weihnachtsnüsse ess ich gern.
Komm bald wieder in dies Haus,
guter lieber Nikolaus.

Knecht Ruprecht, lieber Gast!
Hast du mir was mitgebracht?
Hast du was, dann setz dich nieder.
Hast du nichts, dann geh man wieder.

Nikolaus, ich will artig sein.
Leg mir was auf mein Tellerlein.
Äpfel, Nüsse, eins, zwei, drei,
und ein Püppchen auch dabei.

Lieber guter Nikolaus,
zieh doch deine Kleider aus.
Wenn ich wüsste, wer du bist,
hätt ich dich schon längst geküßt.

Nikolaus als Parksünder

Knecht Ruprecht hatte es satt, immer zu spät zu kommen.
Drum hatte er sich in diesem Jahr ganz spontan vorgenommen,
sich ein kleines Auto zu kaufen.
Er konnte und mochte nicht mehr so viel laufen!
Wer die weiten Wege zu den Kindern bedenkt,
hätt dem armen Knecht Ruprecht sein Auto geschenkt!
In kurzer Zeit war es dann auch soweit.

Ein Auto stand für den Nikolaus bereit!
Mit dem Lenken kam er auch gleich klar.
Schwierig für ihn nur das Parken war!
Und wie's so kommt, am 6. Dezember ist es geschehen:
Ein Ordnungshüter hatte sein Auto gesehen.
Es stand schon zu lange im Halteverbot.
Das war gesetzeswidrig – der Schutzmann sah rot!
»Hallo – ja, Sie, so kann das nicht geh'n!
Haben Sie nicht das Parkverbotsschild geseh'n?«
»Das hab ich,« sprach Ruprecht, »doch – überhaupt
ist nicht Be- und Entladen hier erlaubt?
Und eigentlich sollte die Polizei doch wissen,
dass Nikoläuse immer viele Säcke tragen müssen!«

Noch hatte der Polizist den Parksünder nicht erkannt.
Der hatte ihm ja auch seinen Namen nicht genannt!
Doch nun sah er seinen weißen Bart. – Da fiel ihm ein,
das könnte nur der Nikolaus sein!
Da wurde der Schutzmann ängstlich wie ein Kind
und sprach zaghaft und ehrfürchtig geschwind:
»Eigentlich müßte ich einen Strafzettel schreiben.
Aber für dich lass ich das gern bleiben.
Denn heut, lieber Nikolaus, ist doch dein Tag!
Und weil keiner auf dich warten mag –
spute dich! – Gib Gas! – Doch steck deine Rute ein!
Auch Schutzleute wollen heut artig sein!«

Im Kindergarten

Der Nikolaus besucht einen Kindergarten,
wo die Kleinen ihn schon lange erwarten.
Er spricht: »Ich habe mich sehr auf euch gefreut,
denn ich weiß, dass ihr alle artig seid!
Ich habe auch schon durchs Fenster gesehn:
Bei euch ist alles bunt und schön,
geschmückt für den Weihnachtsmann.
Da hab auch ich meine Freude dran.
Drum habe ich auch an euch gedacht
und viele schöne Dinge mitgebracht.
Hiermit könnt ihr basteln und schreiben
und euch gerade jetzt die Zeit vertreiben.
Halt! – Hier ist noch einen Zettel, darauf steht zu lesen,
dass ihr nicht alle seid artig gewesen!
Was soll ich nun mit denen machen?
Wo bleib ich denn mit den vielen Sachen?
Würdet ihr etwas davon armen Kindern geben?
Solchen, für die es noch nie in ihrem Leben
zu Weihnachten Geschenke gab?
Es wäre lieb, gäbet ihr ihnen was ab.
Versprecht ihr es? Dann will ich mal nicht so sein,
dann langt auch ihr in den Sack hinein.
Doch bevor ich geh, müsst ihr ein Lied noch singen.
Bestimmt werd ich dann auch im nächsten Jahr was bringen.

Nikolaus' Bitte an die Kinder

Für euch bin ich der »liebe Nikolaus«,
der Jahr für Jahr – von Haus zu Haus –
gern beschenkt viele liebe Kinder.
Meist sind sie brav, doch auch mal kleine Sünder.
Für alle habe ich immer ein großes Herz,
doch empfinde ich manchmal auch Schmerz,
wenn ich höre, dass ihr anderen Leid zufügt,
auch mal unehrlich seid – oder gar lügt.
Warum macht ihr das? – Ich kann es nicht fassen!
Könnt ihr diese Unarten nicht unterlassen?
Wär es nicht schön, wenn Alle lieb zueinander sind?
Dann freuen sich nicht die Großen und jedes Kind?
Denn – auch Freude verschenken ist so schön!
Versucht es doch mal – und dann werdet ihr seh'n
wie glücklich und zufrieden man selbst kann sein,
wenn alle Menschen um uns sich mit uns freu'n.
Und – bitte, seid auch zufrieden mit kleinen Gaben!
Kinder müssen nicht immer alles haben.
Manche Eltern haben nun mal nicht so viel Geld.
Große Geschenke sind doch nicht alles auf der Welt!
Viel wichtiger ist es, Liebe zu verschenken!
Wer sie empfängt und verteilt, braucht an nichts anderes mehr
zu denken.

Ein mutiger Bub spricht mit dem Nikolaus

Du glaubst vielleicht, ich fürchte mich
und würd vor Angst gleich beben?
Nein, Nikolaus, so ist das nicht,
das wirst du nie erleben.
Ich war nicht frech, doch auch nicht brav,
ich steh so in der Mitten,
und bin als lieber netter Sohn
bei allen wohlgelitten.

Bruno H. Bull

Knecht Ruprecht

Von drauß', vom Walde, komm ich her,
ich muss euch sagen: Es weihnachtet sehr!
Allüberall auf den Tannenspitzen
sah ich goldene Lichtlein sitzen,
und droben aus dem Himmelstor
sah mit großen Augen das Christkind hervor.
Und wie ich so stolcht durch den finst'ren Tann,
da riefs mich mit heller Stimme an:
»Knecht Ruprecht!«, rief es, »alter Gesell,
hebe die Beine und spute dich schnell!
Die Kerzen fangen zu brennen an,
das Himmelstor ist aufgetan –
Alt' und Junge sollen nun
von der Jagd des Lebens einmal ruh'n,
und morgen flieg ich hinab zur Erden,

denn es soll wieder Weihnachten werden!«
Ich sprach: »O lieber Herre Christ,
meine Reise fast zu Ende ist.
Ich soll nur noch in diese Stadt,
wo's eitel gute Kinder hat.«
»Hast denn das Säcklein auch bei dir?«
Ich sprach: »Das Säcklein, das ist hier,
denn Äpfel, Nuss und Mandelkern
essen fromme Kinder gern.«
»Hast denn die Rute auch bei dir?«!
Ich sprach: »Die Rute, die ist hier:
Doch für die Kinder nur, die schlechten,
die trifft sie auf den Teil, den rechten.«
Christkindlein sprach: »So ist es recht,
so geh mit Gott, mein treuer Knecht!«

Von drauß', vom Walde, komm ich her,
ich muss euch sagen: Es weihnachtet sehr!
Nun sprecht, wie ichs hierinnen find:
Sinds gute Kind? Sinds böse Kind?

Theodor Storm

Herr Nikolaus, Herr Nikolaus,
bring mir zum 6. Dezember was!
Ich stell des Vaters Schuh vors Fenster,
denn meinen fand ich viel zu klein.
Bitte, lieber Nikolaus, tu mir was rein!

**Wie man dem Nikolaus
am besten um den Bart geht**

Nikolaus, du guter Mann,
hast einen schönen Mantel an.
Die Knöpfe sind so blank geputzt,
dein weißer Bart ist gut gestutzt.
Die Stiefel sind so blitzeblank,
die Zipfelmütze rot und lang,
die Augenbrauen sind so dicht,
so lieb und gut ist dein Gesicht.
Du kamst den weiten Weg von fern,
und deine Hände geben gern.
Du weißt, wie alle Kinder sind.
Ich glaub, ich war ein braves Kind.
Sonst wärst du ja nicht hier
und kämest nicht zu mir.
Du musst dich sicher plagen,
den schweren Sack zu tragen.
Drum, lieber Nikolaus,
pack ihn doch einfach aus!

Wenn die Glocke sieben schlägt,
kommt der Nikolaus angefegt
mit dem großen Besenstiel,
haut die Kinder gar zu viel.

Die stille Zeit: Advent

Die Vorfreude beginnt mit dem ersten Advent,
wenn das erste Licht am Adventskranz brennt.
Es führt uns die Weihnachtszeit ins Herz.
Es lässt vergessen Kummer und Schmerz!
Vergessen ist auch das Hetzen und Jagen.
Alles Schwere lässt sich jetzt leichter ertragen.
Die Vorbereitungen fangen an.
Die Kinder freu'n sich auf den Weihnachtsmann!

Mit dieser Frage
beginne ich – nach
der offiziellen
Begrüßung – meine
Zuhörer gerne bei
einer Weihnachts-
feier. Es kommt
besonders gut an!

Was fällt Ihnen ein, wenn Sie an Weihnachten denken?

Weihnachten – die Zeit der Besinnung.
Die Zeit zum Nachdenken.

Was fällt uns ein, wenn wir an Weihnachten denken?
Insbesondere natürlich das »Schenken«.

Geschenkt wird gern, das ist wohl richtig!
Aber – über viele Dinge nachdenken ist genauso wichtig!

Über das, was das Herz berührt, gibt es viel zu schreiben.
Ich hoffe, meine Worte werden haften bleiben.

Sei in der seligen Weihnachtszeit
zum Geben und Helfen immer bereit!

Viele Menschen sind von Einsamkeit
Überschattet, grad in der Weihnachtszeit.

Geh auf sie zu und nimm ihnen das Gefühl.
Lad sie zum Fest mal ein, vielleicht auch mal zum Spiel!

Werden deine Erinnerungen einmal wach
in einer kalten Winternacht:

Such dir davon die schönsten raus,
die anderen streich aus dem Gedächtnis aus!

Wenn du glaubst, die Welt hat sich feindlich verschworen,
glaub an dich und gute Freunde, dann ist nichts verloren!

Advent

Wenn bald das Jahr zu Ende geht,
die Sonne schräg zur Erde steht,
im Haus die erste Kerze brennt,
dann ists so weit, dann ist Advent!

Wenn auf das Land vom Himmelszelt
der erste Schnee hernieder fällt,
das Reh zur Futterkrippe drängt,
dann ists so weit, dann ist Advent!

Wenn Kinder singen hell und rein
vom Weihnachtsmann und Engelein,
die Mutter Plätzchen backt behänd,
dann ists so weit, dann ist Advent!

Advent, du wunderschöne Zeit,
hältst so viel Fröhlichkeit bereit.
Du führst die Menschen mit Bedacht
Zur schönsten hin, zur heil'gen Nacht.

Advent

Advent, sagt man, sei die stillste Zeit im Jahr. Aber in meinem Bubenalter war es keineswegs die stillste Zeit. In diesen Wochen lief die Mutter mit hochroten Wangen herum, wie mit Sprengpulver geladen, und die Luft in der Küche war sozusagen geschwängert mit Ohrfeigen. Dabei roch die Mutter so unbeschreiblich gut, überhaupt ist ja der Advent die Zeit der köstlichen Gerüche. Es duftet nach Wachslichtern und Bratäpfeln. Ich sage ja nichts gegen Lavendel und Rosenwasser, aber Vanille riecht doch viel besser, oder Zimt und Mandeln.

Mich ereilten dann die qualvollen Stunden des Teigrührens. Vier Vaterunser das Fett, drei die Eier, ein ganzer Rosenkranz für Zucker und Mehl. Die Mutter hatte die Gewohnheit, alles Zeitliche in ihrer Kochkunst nach Vaterunsern zu bemessen, aber die mussten laut und sorgfältig gebetet werden, damit ich keine Gelegenheit fände, den Finger in den köstlichen Teig zu tauchen. Wenn ich nur erst den Bubenstrümpfen entwachsen wäre, schwor ich mir damals, dann wollte ich eine ganze Schüssel voll Kuchenteig aufessen, und die Köchin sollte beim geheizten Ofen stehen und mir dabei zuschauen müssen! Aber leider, das ist einer von den Knabenträumen geblieben, die sich nie erfüllt haben.

Am Abend nach dem Essen wurde der Schmuck für den Christbaum erzeugt. Auch das war ein unheilschwangeres Geschäft. Damals konnte man noch ein Buch echten Blattgoldes für ein paar Kreuzer beim Krämer kaufen. Aber nun galt es, Nüsse in Leimwasser zu tauchen und ein hauchdünnes Goldhäubchen herumzublasen. Das Schwierige bei der Sache

war, dass man sonst nirgendwo Luft von sich geben durfte.
Wir liefen blaurot an vor Atemnot, und dann geschah es eben
doch, dass plötzlich jemand niesen musste. Im gleichen Augenblick segelte eine Wolke von glänzenden Schmetterlingen durch
die Stube. Einerlei, wer den Zauber verschuldet hatte, das
Kopfstück bekam jedenfalls wieder ich, obwohl das nur
bewirkte, dass sich der goldene Unsegen von neuem in die Lüfte
hob. Ich wurde dann in die Schlafkammer verbannt und musste
Silberpapier um Lebkuchen wickeln – um gezählte Lebkuchen.

Für mich begann in der Kindheit der Advent damit, dass mich
die Mutter eines Morgens weit früher als sonst aus dem Bett
holte. Wenn ich endlich halb im Traum zur Kirche stolperte,
musste ich mich oft mit Händen und Füßen durch den tiefen
Schnee wühlen, es war ja noch kein Mensch vor mir unterwegs
gewesen. In der Sakristei kniete der Mesner vor dem Ofen und
blies in die Glut, damit wenigstens das Weihwasser im Kessel
auftaute. Aber mir blieb ja keine Zeit, die Finger zu wärmen,
der Pfarrer wartete schon, dass ich ihm mit der Schelle
voranginge. Bitterkalt war es auch in der Kirche. Die Kerzen-
flammen am Altar standen reglos wie gefroren, und nur wenn
sich die Tür öffnete und Wind und Schnee herein fuhren, zuck-
ten die Lichter erschreckt zusammen. Die Kirchleute drückten
das Tor eilig wieder zu, sie rumpelten schwerfällig in die Bänke,
und dann klebten sie ihre Adventskerze vor sich auf das Pult
und falteten die Hände um das wärmende Licht. Indessen
schleppte ich das Messbuch hin und her und läutete zur
passenden Zeit, und wenn ich einmal länger zu knien hatte,
schlief ich wohl auch wieder ein. Dann räusperte sich der
Pfarrer vernehmlich, um mich aufzuwecken. »Rorate coeli«,
betete er laut und inbrünstig, »tauet, Himmel, den Gerechten«.

Und dann war doch alles wieder herzbewegend schön und feierlich, der dämmerige Glanz im Kirchenschiff, der weiße Atemdampf vor den Mündern der Leute, wenn sie dem Pfarrer antworteten, und er selbst, unbeirrbar in der Würde des guten Hirten. Nachher standen wir zu dritt hinterm Ofen in der Sakristei. Der Mesner schüttelte die eiserne Pfanne und hob den Deckel ab und speiste uns alle mit gebratenen Kastanien. Ich hüpfte von einem Fuß auf den anderen, und auch der Pfarrer rollte die heißen Kugeln eine Weile im Mund hin und her. Es war vielleicht keine Sünde, wenn ich nebenbei flink voraus berechnete, wie lange es wohl noch dauerte, bis er mir zu Weihnacht meinen Lohn in die Hand drücken würde, einen ganzen Gulden.

Zu Anfang Dezember wurde ich in den Wald geschickt, um den Christbaum zu holen. Mit Axt und Säge zog ich aus, von der Mutter bis zum Hals in Wolle gewickelt und mit einem geweihten Pfennig versehen, damit mich ein heiliger Nothelfer finden konnte, wenn ich mich etwa verirrte. Ein Wunder von einem Baum stand mir vor Augen, mannshoch und sehr dicht beastet, denn er sollte nachher ja auch viel tragen können. Stundenlang kroch ich im Unterholz herum, aber wenn ich meine Beute endlich daheim in die Waschküche schleppte, hatte sich das schlanke, pfeilgerade Stämmchen doch wieder in ein krummes und kümmerliches Gewächs verwandelt.
Der Vater musste seine ganze Zimmermannskunst aufwenden, um das Ärgste zurechtzubiegen, ehe uns die Mutter dazwischen kam.

Karl Heinrich Waggerl

Der erste Advent

Die Glocken läuten zum heil'gen Advent.
Das erste Licht am Tannenkranz brennt,
die ersten Äpfel im Ofen sind gar,
das erste Märchen von Weihnacht wird wahr.
Die ersten Wünsche sind schon erfüllt.
Manche Neugier ist gestillt.
Der erste Engel geht schon durchs Haus
und teilt die schönsten Gaben aus.
Die Kinder harren verzaubert und steh'n,
das erste brennende Kerzchen zu sehn.
Das erste selige Weihnachtsglück
erfüllt die Herzen im Augenblick.

Advent – der sel'gen Erwartung Zeit.
Wir steh'n am Tor der Herrlichkeit.
Wir schauen dann von Angesicht
der kommenden Weihnacht Licht!

Weihnachten – das Fest der Liebe?

Weihnachten – so heißt es – ist das Fest der Liebe!
Ein Fest ganz ohne Zank und Streit?
Schön wärs, wenn es immer so bliebe
wie einst zu unserer Kinderzeit!

Doch – halt! Bei uns wars auch nicht immer friedlich.
Das sollten wir mal eingesteh'n.
Wir Kinder waren doch auch nicht nur niedlich.
Wir war'n auch mal frech – oft nicht auszusteh'n!

Mal ehrlich, nicht nur Kinder streiten.
Die Erwachsenen können das auch ganz schön!
Oft geht es nur um Kleinigkeiten.
Und grad darum ist es nicht zu versteh'n!

Mal gehts ums Abtrocknen oder Spülen,
falls keine Maschine da!
Dann ist keine Einigkeit zu erzielen
Keiner hat Lust auf den Abwasch, das ist doch klar!
.

Auch um das Einkaufengeh'n
gibt es immer häufig Streit.
Und dabei ist Einkaufen doch schön.
Ich hab dafür eigentlich immer Zeit!

Ums Geld gibt es wohl am häufigsten Krach.
Das ist und das war immer so.
Beim Schaufensterbummel wird jeder mal schwach.
Geht es dir nicht ebenso?

Trinkt Papa mal im Wirtshaus einige Biere,
o je – dann kann es passieren,
dass Mama steht mit dem Nudelholz hinter der Türe!
Gleich wird sie explodieren!

Ein weiteres großes Streitobjekt
ist das lange Telefonieren.
Kommt dann die Rechnung – ach, du Schreck! –,
will keiner sie akzeptieren.

Das Fernsehen ist sogar
wegen der vielen Umschalterei
für manche Familien eine Gefahr.
Ewig gibt es darum Zankerei.

Ja, man könnte noch viele Streitobjekte nennen,
doch weil jeder glaubt, er habe zu sagen,
und keiner will sich schuldig bekennen,
müssen wir diese Unstimmigkeiten ertragen.

Doch in der friedlichen Weihnachtszeit
sollten wir toleranter sein.
Wenn wir sind zum Verzeihen bereit,
können wir uns zusammen auch freu'n!

Gedanken zur abendlichen Lichterstunde

Wenn Dunkelheit die Sonne Tag für Tag verdrängt,
dann zünden wir abends die Lichter an.
Grad wenn sich der Abend niedersenkt,
erscheint uns alles wohlgetan.

Es wechselt die Dunkelheit mit dem Licht
wie der Tag mit der Nacht.
Die dunklen, schweren Tage spüren wir nicht,
weil unser kleines Licht so froh uns macht!

Und dann, nach einem fröhlichen Erwachen
sollten wir keinesfalls ruh'n.
Wir sollten uns dann Gedanken machen:
Wie und wo kannst du Gutes tun?

Oft genügen ein paar liebe Zeilen oder einige Minuten Zeit
für einen kurzen Besuch und ein paar liebe Worte
an diesem oder an jenem Orte –
aber bitte nicht nur in der Weihnachtszeit!

Horch – wie es klingt

Hörst du der Weihnachtsglocken Klang?
Hörst du den lieblichen Gesang,
der in dieser heiligen Nacht
in der ganzen Welt erwacht?

Es ist der Engel Chor, der singt.
Hörst du, wie herrlich es klingt?
Hörst du auch das leise Knistern
und das heimliche Flüstern?

Und spürst du, wie wundervoll die Kerzen
erwärmen unsere Herzen?
Siehst du die Sternschnuppe, die vom Himmel fällt
und leuchtend die dunkle Nacht erhellt?

Sie will uns verkünden: Es ist soweit,
es beginnt die schöne Weihnachtszeit!
Es ist die Zeit, uns zu besinnen,
die Herzen der Menschen zu gewinnen.

Wie schnell vorbei geht die schöne Zeit,
wo jeder ist von Herzen bereit,
mit Liebe und Bedacht zu geben.
Sollten wir nicht immer danach streben?

Weihnachten naht – das Fest der Besinnung

Zünde die Lichter an! Besinne dich, dass sich überall auf der
Welt Menschen nach Frieden sehnen. Nach Liebe und nach
mehr Menschlichkeit.
Liebe die Menschen, dann wird man auch dich lieben.
Vergiss nie, dass viele Menschen in Not sind und dich
brauchen.
Liebe, die du verschenkst, kehrt in dein eigenes Herz zurück.
Liebe kann so glücklich machen, wenn sie dein Herz berührt.

Sei nicht nur zum Weihnachtsfest bereit, zu geben und zu
nehmen.
Schenke im ganzen Jahr deinen Lieben und allen Menschen
deine Aufmerksamkeit!
Vielleicht findest du dann auch Freunde fürs ganze Leben!
Freunde, die dir mehr geben könnten als das schönste
Weihnachtsgeschenk!
Geschenke der Liebe kommen zurück zu dir!

Schenken und Geschenke

Und ist dieses Päckchen auch nur klein,
ich denke, es wird dich von Herzen
erfreu'n!

Schenken – mit Herz und Überlegung

Schenke mit Liebe und Überlegung.
Schenke mit Freude und Phantasie.
Andere möchten spüren, dass du dir Mühe gegeben.
Dass du selbst auch Freude gespürt.
Zeige beim Schenken Einfühlungsvermögen.
Zeige Takt, protze nicht mit deinem Geld!
Das sollte man gerade bei Kindern bedenken.
Protzige Geschenke beschämen sie!
Vergiss nicht, dass Kinder auch selbst gern schenken,
besonders etwas, das sie selbst gebastelt haben.
Sollten sie deine Hilfe brauchen, nimm dir dafür Zeit.

Schenke nie nach einem Terminkalender.
Schenke dann, wenn du grad Freude verspürst.
Leider ist es oft nur ein Geschenkeaustausch.
Oft nur Höflichkeit, ohne Überlegung und Herz!

Es gibt Menschen, die können keine Freude zeigen.
Sie vergessen darum auch oft den Dank.
Andere wiederum – können einfach nicht schenken.
Sie schämen sich dafür sogar!
Geschenke, die man selbst gefertigt hat, erfreuen ganz
besonders das Herz. Sie sind wertvoller als alles Gekaufte
und kosten dazu noch weniger Geld!
Geschenke mit bleibendem Wert sind immer gut!
Zum Beispiel Briefmarken oder Münzen.
Lass dir also etwas einfallen und gib acht, dass du das
passende Geschenk auch findest, etwas, dass dem
Beschenkten echt Freude macht.

Besonders beliebt ist das heimliche Schenken bei
Kindern, aber auch bei Erwachsenen.
Darum – vor dem Fest nicht in Schränken herumwühlen!
Solltest du etwas erfahren, dann stell dich ahnungslos.
Es nimmt sonst die ganze Vorfreude zur Weihnachtszeit.

Übrigens – es ist doch eigenartig: Das, was man verschenkt,
möchte man am liebsten selbst behalten!
Beweist es nicht einen guten Geschmack?

Eine Gewissensfrage noch: Magst du gerne tauschen?
Dann mach es so wie ein Ehemann:
Er schenkte seiner Frau zum Fest einen Fußball.
Als sie sich beschweren wollte, sagte er: »Es ist doch einerlei!
Du tauschst ja doch alles um!«

Was sollen wir schenken?

Was schenkt man also den Verwandten,
den lieben Freunden und Bekannten?
Fürwahr, es ist schon ein Dilemma
mit Tante Lisbeth, Tante Emma
und auch dem guten Onkel Heinrich
– der immer großzügig, nie kleinlich –:
Da kann man sich gewissermaßen
doch auch nicht gerade lumpen lassen!

Es stimmt, das Ganze ist beschwerlich.
Am einfachsten wär es natürlich,
wenn die, die etwas kriegen sollen,
genau uns sagen, was sie wollen.
Zum Beispiel, wie bei den Zigarren
für Großpapa. Bereits seit Jahren
raucht er 'ne ganz bestimmte Sorte,
sodass es kaum bedarf der Worte
und wir uns nicht mehr, wenn wir kaufen,
den Kopf noch zu zerbrechen brauchen.
Zu Schwierigkeiten kommt es aber,
wenn das Gewünschte nicht auf Lager.
Man kauft dann etwas, was sehr ähnlich.
Man möchte fertig werden nämlich!

Das zweifellos mit viel Problemen
belad'ne Einkaufsunternehmen
bleibt einigermaßen in den Bahnen,
wenn wir das Ganze richtig planen
und uns von all den vielen Dingen

nicht lassen durcheinander bringen.
In diesem Sinne zu verfahren
Nimmt man sich vor nun schon seit Jahren.

Doch wenn wir dann etwas erblicken,
das uns versetzt in Entzücken,
dann möchten wir spontan es kaufen
und werfen alles übern Haufen.
Du liebe Güte! Diese Bluse,
das wär doch was für uns're Suse!
Man kann sich gar nicht satt dran sehen
und will das Stück sofort erstehen.
Doch sollte man sich hierbei fragen:
»Wird uns're Tochter das auch tragen?«
Wenn auch im Großen und im Ganzen
die abgeschabten Jeans mit Fransen
samt Anoraks in tristen Farben
die große Zeit gehabt nun haben,
so damit doch noch nicht gesagt ist,
dass jetzt das Gegenteil gefragt ist.

Wenn wir verlassen die Geschäfte,
sind wir am Ende uns'rer Kräfte.
Man kommt ja kaum noch zur Besinnung,
wo ist sie denn, die Weihnachtsstimmung?!
Man selbst und 's Portmonee sind leer –
wenn bloß erst Heiligabend wär!
Die Weihnachtstage schnell verrauschen.
Und dann beginnt: das große Tauschen!

Brunhilde Schuckart

Weihnachtseinkäufe

Ein jeder es hinreichend kennt:
Am ersten Samstag im Advent
pflegt schlagartig ein Hasten, Hetzen
in allen Städten einzusetzen.
Da strömen ganze Menschenmassen
durch weihnachtlich geschmückte Straßen
und eilen, jagen, rennen, laufen,
um für das Fest noch einzukaufen.
Es ist, als sei in diesen Wochen
'ne wahre Kaufwut ausgebrochen,
und – unbestritten – auch wir lassen
uns jedes Jahr hiervon erfassen.

In überfüllten Kaufhausgängen,
da drängen sich die Menschenmengen,
und weil man anders im Gewühle
nicht kommt zu seinem Einkaufsziele,
muss ebenfalls man sich nun üben
im Stoßen, Schubsen, Drängeln, Schieben!

Alsdann der Einkauf! Nun, wir müssen
es doch vom vorigen Jahr noch wissen:
Bei derartigen Unternehmen
gibts eine Reihe von Problemen,
besonders dann, wenn diese Gaben
für Leute sind, die alles haben.

Was schenkt man Oma Reimer zu Weihnachten?

Mit schöner Regelmäßigkeit
muss man sich zur Weihnachtszeit
wochenlang das Hirn verrenken:
Großer Gott, was soll man Oma schenken?

Warme Unterwäsche, zuckt es jäh
durch den Geist dir. Traurige Idee!
Schlüpfer von der Achsel bis zum Knie:
Keine Oma hat so viel wie sie.
Denn es hat sie stets bewegt,
dass der Mensch was Wollnes trägt.
»Warme Sachen, die von unten schützen,
kann man nie genug besitzen.«

Doch wie wärs mit einem schönen Schal?
Sehr gut, denkst du. Aber warte mal:
Niemals sah ein Mensch sein Leben lang
eine Oma mit mehr Schals im Schrank.
Denn fast jeder schenkt ihr Schals.
Und sie sorgt auch selbst für ihren Hals.
»Kühler Kopf und warme Mandeln,
das«, sagt Oma, »nenn ich weise handeln.«

Handschuhe fallen dir jetzt ein.
Doch das dürfte auch nichts Neues sein.
»Willst du Gicht vermeiden, so verwende
immer woll'ne Handschuhe für die Hände.«
O verflixt! Was gibt es sonst für Sachen,
welche Oma Freude machen?

Denn natürlich muss es praktisch sein,
soll es Omas Herz erfreu'n …
Und mit Schrecken wird dir klar:
Einfach alles hat sie ja!
Woll'ne Decken, Taschentücher,
Sofakissen, Kräuterbücher,
Hauspantoffeln, Überschuhe,
Häkeldeckchen für die Truhe,
Untersetzer, Ohrenwatte,
warme Socken, Tortenplatte,
für die Füße, für den Magen …
Magen? Halt! Das könnt es sein!
Und mit Wonne hörtest du sie klagen
eben über diesen Magen!

Und schon hast du die Idee:
Gegen Omas Magenweh
eine Flasche Magenbitter!
Ja, den schenkst du ihr, damit er
nicht nur Magen und Gedärme,
sondern auch ihr Herz erwärme!

Heiligabend trittst du dann
stolz mit deiner Flasche an.
Oma nimmt sie in Empfang
und stellt sie mit »Tausend Dank!«
unter ihren Tannenbaum.
Doch da steh'n, du glaubst es kaum,
ungefähr schon sieben Liter
Kräuterschnaps und Magenbitter,
den die anderen Verwandten,
Neffen, Nichten, Onkel, Tanten,
Oma Reimer mitgebracht,
weil sie alle nachgedacht
und sich das Gehirn verrenkt,
was man bloß der Oma schenkt!

Aber Oma Reimer sagt:
So wie sie der Magen plagt,
könnt sie zwölf bis vierzehn Flaschen
gut und gern im Jahr vernaschen!

Hans Scheibner

Begleitbrief
zu einem Weihnachtspäckchen

Wieder einmal ist das Weihnachtsfest da,
drum schicke ich – wie jedes Jahr.
ein Päckchen mir vielen kleinen Dingen.
Ich hoffe, es möge euch Freude bringen.
Auch ein Verschen hab ich für jeden gemacht.
Ihr seht, ich hab an alle gedacht!
Nun wünsch ich euch viele schöne Stunden.
Möge der Festschmaus euch prächtig munden.
Vergesst nicht, eure Gedanken auch mal zu uns/mir zu lenken.
Wir/ich werde/n bestimmt viel an euch denken.

Zu Hausschuhen

Wenn du, liebe Eva, so am frühen Morgen
musst all deine Lieben mit Frühstück versorgen,
steig erst schnell in die »Puschen« rein!
Dann werden nie kalt deine Füßchen sein.

Zu Briefpapier

Ob du »IHM« schreibst oder »IHR« –
ein Päckchen schönes Briefpapier
kann es immer sein.
Ich hoffe, es wird dich auch erfreu'n!

Großvaters Weihnachtsgeschenk

Die Großväter sind es, die um die Weihnachtszeit die schönsten Spielsachen kaufen. Für die eigenen Kinder genügte noch eine kleine Eisenbahn mit einem runden Schienenkranz und eine Puppe von handlichem Ausmaß. Die Enkelkinder werden meist wie Königskinder beschenkt, denn was ein rechter Großvater ist, der greift vor Weihnachten für sein Enkelkind so lange in den Beutel, bis er den Bodensatz der roten Pfennige erreicht.

Ich unterscheide mich in nichts von anderen Großvätern. Wenn ich die Weihnachtsgeschenke zusammenzähle, die ich für das Fest nach Hause getragen habe, so könnte ich leicht drei Enkelkinder damit beschenken. Ich habe aber nur eins, Peter heißt der Kleine, vier Jahre ist er alt und mein ganzer Stolz, verzeiht es mir. Die Leute sagen, er sehe mir ähnlich. Aber das ist nicht wahr: Ich war nie ein so schönes Kind, auch kein so kluges. Er wird es einmal viel weiter im Leben bringen als ich. Er ist meiner Tochter Kind, die selbst erst fünfundzwanzig ist. Sie wohnen nur ein paar Straßen entfernt von mir. Keine zehn Minuten, was für ein Glück für einen Großvater. Obgleich ich gar nicht mehr gut zu Fuß bin, steige ich doch täglich die drei Stock zu ihrer Wohnung hoch, um den Kleinen zu sehen und mit ihm zu spielen. Wir unterhalten uns ganz ernsthaft, man mag es glauben oder nicht, aber mit ihm geht mir der Gesprächsstoff nie aus. Ich bin ihm ein besserer Zuhörer, als ich es sonst in der Runde der Erwachsenen zu sein pflege.

»Du darfst zu Weihnachten nicht nur an deinen Enkel denken«, sagte meine Frau zu mir, »du musst auch deiner Tochter und ihrem Mann etwas schenken.«
Ich brummte in meiner Art: »Was ich dem Kind schenke, schenke ich auch der Mutter. Und was meinen Herrn Schwiegersohn betrifft, für ihn habe ich bereits ein Geschenk.«
»Im Ernst?«
»Ja. Ihm verzeihe ich zu Weihnachten, dass er mir vor fünf Jahren meine Tochter weggenommen hat.«

Meine Frau, die die Klügere war, schüttelte den Kopf: »Wir können vor ihnen nicht mit leeren Händen dastehen. Es wäre das erste Mal! Du musst ein Weihnachtsgeschenk für deine Tochter und auch für ihren Mann haben.«
Ich wehrte mich energisch: »Wieso?«, rief ich, »ich bin doch immer der Geprellte. Kaufe ich meiner Tochter einen schönen Teppich, läuft er darauf herum und hat immer warme Füße. Schenke ich ihr ein Kleid oder einen Mantel, wer hat den Vorteil? Er, denn er kann sich mit ihr zeigen und mit der eleganten Frau bewundern lassen. Schenke ich ihr ein Parfum, wer riecht es? Er und immer wieder er!«
Ich unterscheide mich in nichts von anderen Schwiegervätern. So sind sie alle.
»Du musst ihnen trotzdem zu Weihnachten eine Freude machen!«
»Na gut. Ich werde es mir überlegen.«

Ich ging lange mit mir zu Rate. Drei Tage vor Weihnachten kam mir der gute Gedanke. Ich ging hin und kaufte es. Ein Geschenk für beide. Für meine Tochter und meinen

Schwiegersohn. Dass ich nicht früher auf die Idee gekommen war! Stolz trug ich das Geschenk nach Hause.

»Du strahlst ja so«, sagte meine Frau fragend.

»Ich habe für die Kinder ein Weihnachtsgeschenk gekauft.«

»Fein! Was ist es?«

»Ein Theaterabonnement.«

»Ein Theaterabonnement?«

»Oper und Schauspiel gemischt. Jede Woche eine Vorstellung. Zwei Plätze in der achten Reihe Parkett.«

Meine Frau bekam schmale Lippen. Die bekommt sie immer, wenn ich eine Dummheit gemacht habe. »Unüberlegt wie immer!« sagte sie.

»Im Gegenteil. Alles genau bedacht und erwogen«, hielt ich dagegen.

»Die Kinder können doch gar nicht ins Theater gehen!«

»Warum nicht? Sind sie amusisch?«

Wenn meine Frau es gewagt hätte, hätte sie mir an die Stirn getippt. »Sie haben doch den Kleinen!«, rief sie. »Sie können ihn doch nicht jede Woche einen ganzen Abend allein in der Wohnung lassen!«

Da strahlte ich glücklich über das ganze Gesicht, legte meinen Arm um meine Frau und sagte: »Deswegen schenke ich ihnen ja das Theaterabonnement! Auf diese Weise müssen sie jede Woche einmal den Kleinen am Abend zu uns herüberbringen, und er wird die ganze Nacht bei uns schlafen – das hast du dir doch immer gewünscht –, da, nimm mein Taschentuch und putz dir die Nase ...«

Schreib mir deine Wünsche auf!

Bald ist wieder Weihnachten,
und dann geht es los:
Was soll ich denn nur schenken?
Ja, was mach ich bloß?

Hallo, ihr Großen und ihr Kleinen,
schreibt doch eure Wünsche auf!
Dann fällt die Wahl mir leichter,
ich such mir einfach etwas aus.

Was – das werd ich nicht verraten.
Seid nicht so neugierig!
Ihr könnt doch wohl noch warten?
Ungeduld, die mag ich nicht!

Die Wunschzettel – also: Strengt euch
    an! –
werde ich prämieren.
Ihr wollt euch doch vorm Weihnachts-
    mann
auf keinen Fall blamieren!

Und – denkt erst sorgfältig nach!
Schreibt bitte genau alles auf,
was ihr braucht und was ihr wünscht
und wie das Teil sieht aus.

Soll es etwas zum Anziehen sein,
dann ist auch ganz wichtig,
dass die Größe und Farbe stimmt,
und welche für euch ist richtig!

Am besten wäre es auf jeden Fall,
wenn du von diesem Modell
mir eine kleine Skizze machst,
dann find ich das Passende schnell.

Sollte es etwas Technisches sein,
dann beschreib es mir genau.
Denn aus dieser blöden Technik
wird heute kein Mensch mehr schlau!

Oder du zeigst es mir einmal
ganz unauffällig in einem Laden.
Würde ich mir das gute Stück mal
    ansehn,
so könnte das nicht schaden.

Natürlich bleibt es ein Geheimnis
    zwischen uns – das ist doch klar.
Doch um einen Wunschzettel bitten ich
    und der Weihnachtsmann auch fürs
    nächste Jahr!

Das vertauschte Geschenk

Ein Ehemann erzählt

Es war an einem Weihnachtsabend. Die ganze Familie –
auch die Schwiegermutter – saß um den Weihnachtsbaum.
Die Bescherung war vorbei. Jeder war mit dem Auspacken
der Geschenke beschäftigt.
Ich hatte mir viel Mühe beim Aussuchen der Geschenke
gemacht und war mit mir total zufrieden!

Aber – was war das? Ich sah Tränen in den Augen meiner
Frau und Empörung im Gesicht meiner Schwiegermutter.
Was war nur passiert?
Ich hatte aus Versehen die Päckchen mit den Geschenken
vertauscht!

Meine Frau hatte das Päckchen mit dem Bettjäckchen und
drei Baumwollschlüpfer bekommen.
Meine Schwiegermutter zeigte freudestrahlend und doch
etwas beschämt die enzückenden Spitzen-Dessous in Rot und
Schwarz. Ein Büstenhalter und zwei winzige Slips mit
Spitzeneinsatz!

Als ich mich für dieses Versehen entschuldigte, mussten beide
doch herzhaft lachen.
Aber mir war dieses Missgeschick sehr peinlich!
Ich glaube, dass ich noch lange an diesen Weihnachtsabend
denken werde.

Als die Ur-Oma die Wäsche sah, meinte sie: »Schwarze
Wäsche ist aber praktisch, die braucht man nicht so oft zu
waschen!«

Was bringt der Weihnachtsmann?

Was bringt wohl der Weihnachtsmann in diesem Jahr an
    Gaben?
Alles, was das Herz begehrt, kann man heut doch haben:
Für Mama vielleicht ein Paar goldene Clips?
Sie brauchen ja nicht ganz echt zu sein.
Papa bekommt – wie immer – einen Schlips.
Es wird ihm – wie immer – ganz recht sein!
Der Opa bekommt ein Paar warme Socken
und Hosenträger noch dazu.
Die Oma kann man aufs Sofa locken
mit einem weichen Kissen – für die Ruh!
Für die Kinder Geschenke zu kaufen
ist bestimmt nicht schwer.
Sie möchten immer alles haben,
alles, was ihr kleines Herz begehrt.
Für Kinder ist das ganz normal.
So wars schon früher – so wirds immer sein.
Nur können sie sich an einem kleinen Gummiball
heut bestimmt nicht mehr richtig erfreu'n!
Heut muss es schon etwas Technisches sein.
oder eine Musikanlage – richtig mit Pfiff!
Auch mit einem Angeber-Handy hätten sie
ihr Tagesprogramm leichter in Griff!

Nur: Bei dem Schenken gibt es ein Problem.
Wer bezahlt all die großen Sachen?
An den Weihnachtsmann glauben ist bequem.
Aber sagt mal ehrlich – habt ihr schon mal einen »echten«
    geseh'n?!

Geschenke kann man umtauschen!

O du schöne Weihnachtszeit!
Bald ist es wieder mal soweit!
Wenn am ersten Sonntag im Advent
am Kranz die erste Kerze brennt.

Und – brennen erst der Kerzen vier,
dann steht das liebe Christkind vor der Tür.
Es wird uns die schönsten Geschenke bringen,
und frohe Lieder werden wir singen.

Auf dem Gabentisch liegen die schönsten Sachen!
Dinge, die allen Freude machen,
und andere, da denkt sowohl SIE als auch ER:
»Ach, wenns doch ein bisschen was anderes wär!«

Zu groß, zu klein, falsche Farbe, schon vorhanden?
Daran wird der gute Wille doch nicht zuschanden!
Tauscht um und sucht selbst das Richtige aus
und tragt es zufrieden dann nach Haus.

Seid immer nett zueinander!

Man sagt: »Vorfreude ist die Beste.«
So ist es wohl zu jedem Feste.
Besonders vor Weihnachten ist das der Fall!
Jubel und Trubel herrscht überall!

Jeder reißt sich jetzt zusamm',
bis dann kommt der Weihnachtsmann.
Denn es ist nun mal so Brauch,
dass man bekommt Geschenke auch.

Ratsam ist, vor den Weihnachtstagen
besonders den Menschen was Nettes zu sagen,
von denen man Geschenke erhofft.
Denn diese Erfahrung macht man oft:

Tut man jemandem eine Gefälligkeit,
ist der oder die auch zum Geben bereit.
Das muss aber nicht immer so bleiben.
Man sollte es keinesfalls übertreiben.

Ist die Bescherung zu Weihnachten vorbei,
bist du von der besonderen »Nettigkeit« wieder frei.
Sei dann zu den Menschen nur so nett, wie du immer bist!
Dennoch – Spaß beiseite! Sieh zu, dass du die Liebe niemals
    ganz vergisst.

Was schenkt man einer Frau?

Es war Weihnachten. Max hatte Ärger mit seiner Annett!
Sie wollte unbedingt Spitzenwäsche fürs Bett.
Aber mit Ausschnitt – nicht bis obenhin zu.
Und ganz aus Spitze – man nennt sowas »Dessous«.
Und was macht Max? Er schenkt ihr 'nen Schlafanzug in Flanell.
Da kommt man ja auch gar nicht raus – so schnell!
Bei Seide und Spitze, da klopft es im Busen.
Alles ist so schön – und auch das Schmusen!
Leider haben Männer dafür oft kein Gefühl.
Natürlich ist auch das Geld dabei im Spiel.
Seide und Spitze sind edel und schön,
aber doch auch teuer, das muss man gestehn.
Doch wenn ein Mann liebt seine Frau, dürfte ihm nichts zu teuer sein!
Für ihn macht sie sich doch schön!
Warum sehen Männer das oft nicht ein?

Weihnachten, da ist es dann passiert:
Da kam Max – statt mit Spitzenwäsche –
mit 'nem »Karnickel« anmarschiert!
Als ich dann aber weinte, da ist er gelaufen,
um mir doch noch die Wäsche zu kaufen!
Er hatte seine Entscheidung schon bereut.
Konnt ja auch nicht ahnen, dass mich schöne Wäsche so erfreut!

So feiern wir zwei immer schöne Feste!
Für mich ist und bleibt mein Max immer der Beste!

Was schenk ich meinem Mann?

Was soll ich nur schenken? Es ist so schwer.
Ja, wenn nur das liebe Geld nicht wär!
Kann man nichts schenken – ganz ohne Geld?
Etwas, das den Menschen wohl gefällt?
Liebe verschenken ist doch so schön!
Man muss es nur richtig versteh'n!

Schenke aber auch immer mit Bedacht.
Überleg genau, was »IHM« Freude macht.
Vielleicht fehlt ihm zu seinem Glück
und zu seinem Hobby ein neues Stück!
Was es auch sei – es gibt so viele Sachen,
mit dem man dem Mann eine Freude kann machen.
Und fällt dir wirklich nichts mehr ein,
dann frag ihn – ob deine Liebe und ein Kuss nicht genug
    könnten sein.

Auf was soll ich mich freuen?

Auf was soll ich mich freuen?
Der Wünsche sind so viel.
Freu ich mich wohl am meisten
aufs Kasperlpuppenspiel?

Nein, auf den Teddybären!
Nein, auf das Marzipan!
Nein, auf das Spielzeugauto!
Nein, auf den Hampelmann!

Ich habe so viel Wünsche,
ich weiß nicht, was ich will.
Ich glaub, ich möcht am liebsten
ein Kasperlpuppenspiel.

Bruno H. Bull

Für Mama lieb verpackt!

Hallo, liebe Mama – hier bring ich dir,
selbst lieb verpackt
– ganz mit Bedacht! –,
mein Geschenk. Ich wünsche mir,
dass es dir viel Freude macht.
Denn ich finde es gar nicht schön,
wenn man sich das Geschenk einpacken lässt
und dafür in ein Geschäft muss gehn.
Gerade das Einpacken gehört doch zum Fest!
Schau doch mal an – das hübsche Papier!
Das wunderschöne goldene Band!
Und dann die kleinen Herzchen hier,
die ich bei den Weihnachtssachen fand!

Ich hoffe natürlich sehr,
dass dir mein Geschenk auch gefällt.
Ich habe es selbst beim Weihnachtsmann für dich bestellt!
Doch – nun wünsche ich dir am Weihnahtsfeste
Besinnlichkeit – und viel Freude! Für mich bist und bleibst du
   die Allerbeste!

So geht es auch!

Geschenke machen ist wunderschön!
Aber – leider kann auch das gescheh'n!

Wir vergaßen, ein Geschenk zu besorgen.
Und natürlich gerade am Weihnachts-Morgen,

da sind die Geschäfte geschlossen.
So ein Pech! Nun konnten wir nur noch hoffen,
dass einem ein Geschenk fällt ein,
womit man die Nachbarn kann erfreun.

Halt! Stopp! Gleich dachte ich: Ich habs!
Ich habe doch noch die Flasche Schnaps.
Die hat ein Kollege mir mitgebracht.
Und aus Schnaps habe ich mir noch nie was gemacht!
Mein Nachbar aber, der wird sich freu'n.
Ich weiß, der nimmt so gerne mal ein'n!
Und zusammen schenkten wir dann den Nachbarn beiden
das große Blumenbild – es stand im Keller.
Ich konnt es noch niemals leiden.
Irgend jemand hatte es uns mal geschenkt,
und ich meine, keiner es einem verdenkt,
wenn man es einfach weiterreicht,
zumal, wenn die Trennung fällt so leicht.

Aber – o je – da hatt ich was angerichtet!
Die Nachbarin hat mich mit Blicken vernichtet.
Sie war empört, denn ich hatt nicht bedacht,
dass gerade sie uns dieses Bild mal gebracht.
Zu meinem Geburtstags wars – o wie peinlich!
Doch die Nachbarin war gottlob nicht kleinlich.
Sie hat mich sogar in den Arm genommen
und sagte: »Ich habs auch mal von Nachbarn bekommen
und fand es auch weniger schön!«

Ja – so kanns einem gehn!

Wie haben sich die Zeiten geändert!

Hast du schon mal drüber nachgedacht,
wie man heute doch vieles ganz anders macht?
Wie sich die Zeiten geändert haben!
Heut gibts gar keine Mädchen mehr und Knaben,
Nein, heute sind es Teenys, Teenager und Kids
Es ist eben alles anders – das nützt nix!
Die Eltern darf man heut mit dem Vornamen nennen.
Vorausgesetzt, man tut sie auch kennen!
Der Großvater kann eher den Namen »Opa« vertragen.
’s klingt auch alles lockerer, das muss ich sagen.
Früher spielten gerne draußen die Kinder,
ganz gleich, ob Sommer oder Winter.
Doch wenn man das Leben heute so sieht,
wohl kein Spiel die Kinder mehr anzieht
als der Computer – das ist wahr.
Der Fritz bekam ihn, da war er erst sechs Jahr!
Hat an dem Ding auch der Papa seine Freud,
Kommt es allerdings oft zum Familienstreit.

Denkt auch mal zurück an die Eisenbahn!
Sie war ein Lieblingsgeschenk vom Weihnachtsmann!
Der Sohn bekam sie – doch der Herr Papa meinte,
sie wäre doch auch für Erwachsene da!
Da saß der Sohnemann und weinte …
Doch das Zusammenspiel war schön – ich denk,
es war und ist immer ein schönes Geschenk!
Spiele bringen uns zusammen, besonders in der Weihnachtszeit.
Das war damals so – und ist nicht anders heut.

Der Tannenbaum

Ein Christbaum darf nicht fehlen! Er ist so schön!
Aber – warum nur in jedem Jahr dieses Problem?!
Probleme gibts oft beim Tannenbaumkaufen!
Zunächst die Entscheidung: Wer wird in diesem Jahr laufen?
Und meistens folgt dann gleich die Frage:
Wo ist der Baumschmuck vom vorigen Jahre?

Oma Reimer kauft einen Weihnachtsbaum

Oma sucht nach einem Weihnachtsbaum.
Doch sie sagt, dass sie mit ihrer Rente
einen Weihnachtsbaum sich kaum
wie in and'ren Jahren leisten könnte.

Oma macht sich also auf die Reise.
Oma fährt drei Tage in die Stadt,
bis sie in Bezug auf Christbaumpreise
eine Markt-Verhaltens-Analyse hat.
Oma sieht beim Händler gegenüber
einen Baum von trauriger Gestalt
Es geniert sich wegen dieser Krüppelkiefer
sicherlich der ganze Wald!

Oma sieht, wie Leute ihn betrachten,
und wie jeder ihn beiseite stellt.
Ach, was schief ist und was schlecht gewachsen,
findet keine Freunde auf der Welt.
Armer Baum, denkt Oma traurig, keiner
hat ein Herz, du krummes Holz, für dich.
Also kauft sie selbst ihn, Oma Reimer,
sowohl freudig als auch ärgerlich.

Und natürlich ist er viel zu teuer.
Oma schimpft bis zum Silvestertag:
»Bild dir bloß nicht ein, du Ungeheuer,
dass dich Oma leiden mag!«

Hans Scheibner

Immer Ärger mit dem Weihnachtsbaum!

Ist der Kauf des Baumes nur Männersache?
Eigentlich ja! Aber leider ist auf sie (aber nur diesbezüglich!)
nicht immer Verlass!
Meistens verschieben sie diese Aufgabe bis zum letzten Tag!

So kam unser Vater einmal mit einem total schiefen
Kümmerling an. Er sah aus wie ein »Weihnachts-Bonsai.«

Dafür brachte er im nächsten Jahr eine Riesentanne! So hoch
wie ein Mastbaum! – Wir mussten nun versuchen, ihn auf
Dielenhöhe zu stutzen. Aber – womit? Wir besaßen nur eine
kleine Laubsäge. Da musste der Nachbar mit einer großen
Säge helfen.

Auch das Schmücken des Baumes war in jedem Jahr eine
Katastrophe!
Wo war der ganze Tannenbaum-Schmuck geblieben?
Keiner wusste es. Die Kerzen, Kugeln, das Lametta und
Engelshaar hatten wir zwar gefunden. Aber wo war der Fuß?
Da hatte mein Vater die Blitzidee, den Baum in den
Schirmständer zu stecken. Ja – das war die Lösung.

So wurde es zwar oft ein hektischer, aber noch ganz schöner
Heiligabend! Stolz ruht sich Papa dann (nach dieser schweren
Arbeit!?) im Sessel aus.
Und Mama schaut glücklich und zufrieden in die Runde.

Die Geschichte vom kleinen Tannenbaum

Schneebedeckt am Waldessaum
steht ein kleiner Tannenbaum.
Er ist traurig, kann nicht versteh'n,
warum alle Menschen vorübergeh'n.
Zum Weihnachtsfest suchen sie nur große Bäume aus,
holzen sie ab und nehmen sie mit nach Haus.
Dann wird dem Bäumchen ums Herz so schwer.
Es wünscht sich: Wenn ich doch groß erst wär'!
Nun wächst das Bäumchen Jahr für Jahr.
Am Stamm und den Zweigen man es schon sah.
Und bald erfüllt sich auch sein Traum:
Aus dem Bäumchen wurde ein großer Baum.
Er ist jetzt so groß wie der Weihnachtsmann
und hat einen kerzengraden Stamm.

Bald ist es mit seiner Einsamkeit aus.
Ein Ehepaar nimmt ihn zum Fest mit nach Haus.
Man schmückt ihn so schön, er ist kaum zu erkennen.
Endlich darf er sich nun auch »Christbaum« nennen.

Doch ist Weihnachten vorbei – ihr glaubt es kaum –,
rieselt nicht nur der Schnee, sondern auch unser Baum!

Bei Oma Reimer unterm Tannenbaum

Weihnachten steht bei Oma Reimer
stets ein gefüllter Wassereimer
neben dem Tannenbaum –
sowie eine Tüte mit Sand.
So wartet Oma mit Gottvertrau'n
auf den Weihnachtsbaumbrand.

Allerdings hat sie elektrische Kerzen.
Ja, mit dem Unglück ist nicht zu
    scherzen!
Wenn da ein Kurzschluss entsteht
(wie es schon oft in der Zeitung stand!).
Du glaubst ja gar nicht, wie schnell das
    geht,
so ein Weihnachtsbaumbrand.

Darum legt Oma auch ihre Papiere,
ihr Reserve-Gebiss, das Sparbuch und
    ihre
Fotos von dem ersten Mann
neben das Gummibaum-Postament:
damit sie sie schneller erreichen kann,
wenn der Weihnachtsbaum brennt.

Und dann Oma schon überlegt,
ob sie zu Weihnachten Gummischuh'
    trägt,
und sie zieht sich besonders von unten
    warm an:
weil man ja nicht erst im letzten
    Moment
sich warm anziehen kann,
wenn der Weihnachtsbaum brennt!

Weihnachten findet sie – sagt sie – ganz
    ehrlich:
irgendwie schön – aber auch gefährlich!

Hans Scheibner

Tannengeflüster

Wenn die ersten Fröste knistern
in dem Wald bei Bayrisch-Moos,
geht ein Wispern und ein Flüstern
in den Tannenbäumen los.
Ein Gekicher und Gesumm
ringsherum.

Eine Tanne lernt Gedichte,
eine Lärche hört ihr zu.
Eine dicke, alte Fichte
sagt verdrießlich: »Gebt doch Ruh!
Kerzenlicht und Weihnachtszeit
sind noch weit!«

Vierundzwanzig lange Tage
wird gekräuselt und gestutzt
und das Wäldchen ohne Frage
wunderhübsch herausgeputzt.
Wer noch fragt: Wieso? Warum?
Der ist dumm.

Was das Flüstern hier bedeutet,
weiß man selbst im Spatzennest:
Jeder Tannenbaum bereitet
sich nun vor aufs Weihnachtsfest.
Denn ein Weihnachtsbaum zu sein:
Das ist fein!

James Krüss

Kinder und der Weihnachtsmann

Lieber guter Weihnachtsmann,
sieh mich nicht so böse an.
Stecke deine Rute ein,
ich will immer artig sein.

Guter Rat

Jetzt schauen die Engel durchs Fenster herein
und lauschen an allen Türen.
Da muss man besonders artig sein
und muss sich ganz musterhaft führen.

Nie darf man machen ein böses Gesicht
und weinen nicht mal beim Waschen,
und von dem Pflaumenmus darf man nicht
und auch nicht vom Zucker naschen.

So brav soll man sein das ganze Jahr
und nicht nur vor hohen Festen,
sagt meine Mutti. Doch wers noch nicht war,
der lernts jetzt entschieden am besten.

Unter dem Schornstein

Ich war noch ein kleiner Junge und glaubte noch an den
Weihnachtsmann. Nicht an den, der abends Haus für Haus
geht und klopft an die Tür und fragt: »Sind die Kinder auch
immer artig gewesen?« Den kannten wir damals noch nicht.
»Der kommt nur zu den Leuten, die einen eisernen Herd
haben und ein enges Ofenrohr«, sagte Mutter.
Nein, so weit waren wir noch nicht. Zu uns kam immer noch
der andere – der mitten in der Nacht mit einem großen Sack
über Land und über die Dächer flog und warf überall, wo
noch ein richtiger Kohleherd war, etwas in den Schornstein.
Wir waren fünf Kinder im Hause, und ich war das kleinste.
Und wir mussten am Abend vor Weihnachten jeder einen
Teller auf den Herd stellen, alle schön der Reihe nach rund um
das offene Feuerloch herum. »Nicht zu weit nach der Mitte«,
sagte Mutter, »sonst sieht es so unbescheiden und so gierig
aus. Und auch nicht so weit weg an den Rand, sonst kriegt
man nichts ab.«

Wir stellten unsere fünf Teller – jeder von uns hatte seinen
eigenen Teller, und meiner war ganz besonders bunt –, die
stellten wir alle fünf in einem schönen Halbkreis vor das
Feuerloch. Und dann beugten wir uns noch mal alle ganz weit
über den Herd und guckten nach, ob der Schornstein auch
wirklich offen war. Und dann sagten wir »Gute Nacht« und
kletterten einer nach dem andern in die Betten.
Mitten in der Nacht wachte ich auf, und ich meinte, da hätte
etwas gebrummt und geknackt, und ich dachte: »Nun ist er
eben – gerade eben ist er rübergeflogen und hat was in den
Schornstein geworfen!« Und ich dachte: »Was das nun wohl

gewesen ist? Was da nun wohl liegt – auf meinem Teller?«
Und weil ich meinte, ich könnte nun doch nicht wieder
einschlafen, so stand ich leise auf und schlich mich nach der
Küche und guckte auf den Herd. Aber da war noch gar nicht
viel zu gucken. Die Teller waren noch leer.

»Dann musst du dich ja wohl verhört haben«, dachte ich und
wollte mich schon umdrehen und wollte wieder ins Bett – da
meinte ich plötzlich – da kam es mir so vor, als wenn mein
Teller dies Mal etwas weiter zurück stände als die anderen vier.
Und weil ich doch gerade in diesem Jahr etwas ganz Schönes –
und auch recht viel! – vom Weihnachtsmann haben wollte –
und weil mich niemand sah –, so stellte ich meinen Teller leise
und vorsichtig ein ganzes Stück weiter nach vorn und schob ihn
mitten unter den offenen Schornstein. – Und dann horchte ich
noch mal eben und hörte mein Herz klopfen – und ging schnell
wieder in die Kammer und kroch unter die Decke.
Und lag noch lange wach und wusste nicht, ob ich das nun so
richtig gemacht hätte oder nicht. Aber dann dachte ich: Steh
auch ganz früh auf, dass keiner was merkt. Und wenn es ganz
schlimm wird, kann ich ihnen ja auch immer noch was abgeben.
– Und dann schlief ich auch bald wieder ein.

Als ich aufwachte, waren Jakob und Greta schon in der Stube,
und Jan und Heiner standen schon am Fenster und guckten aus.
Ich wollte mich leise an ihnen vorbei drücken, aber – »Halt
stopp!«, sagte meine Mutter, »Wo willst du hin?« – »Bloß mal
eben sehen, ob da was in meinem Teller ...« »Nein, hierbleiben!
Und erst mal die Hose anziehen Und Strümpfe und Stiefel! Und
die Hände und den Hals waschen! Wenn du fertig bist, gehen
wir alle zugleich. Und ich gehe voraus, damit es nachher keinen

Streit gibt.« Ich muss wohl ein ganz bedeppertes Gesicht gemacht haben, Greta guckte mich an und griente, und Jan sagte: »Nu mach mal 'n bisschen zu, dass du weiter kommst! Wir warten doch auf dich!« Es ging an diesem Morgen nicht so schnell, wie es eigentlich gehen sollte, aber – zuletzt war ich denn ja doch klar und stand an der Tür und wollte raus.

»Halt stopp!« sagte Mutter wieder. »Erst komme ich, und ihr kommt alle hinter mir her!« – Und dann ging sie über die Diele und stand vor dem großen Herd und reichte uns unsere Teller. Und freute sich bei jedem Teller mit. Jan hatte fünf schöne Äpfel und wenigstens zwanzig Nüsse und vier braune Kuchen – und ein Paar neue Schlittschuhe. Und Grete hatte auf ihren Äpfeln und Nüssen und Kuchen eine schöne weiße Schürze liegen. Und Heiner ein dickes Märchenbuch. Und Jakob einen Baukasten. Und ich – ich hatte in meinem großen bunten Teller nur einen kleinen Apfel und eine Nuss und einen braunen Kuchen – und sonst nichts – kein Stück weiter.

»Na –? Was hat denn das zu bedeuten?«, sagte Mutter. Und sie suchte den ganzen Herd ab. »Wie kommt denn das? Bist du denn nicht artig gewesen im letzten Jahr?« »Doch!«, nickte ich nur, sagen konnte ich nichts, – mir saß ein großer Klumpen im Hals. Und auch als meine Geschwister mich nun halb bedauerten und halb in heimlicher Schadenfreude aufzählten, was ich ausgefressen haben konnte, schüttelte ich nur immer den Kopf: »Nee, nee – das ist es nicht.« Nein, ich wusste es besser. Und Mutter wusste es auch, das merkte ich – sie tat ja nur so. »Der Weihnachtsmann wird ja wohl wissen, warum«, sagte Mutter, »wir können da weiter nichts tun. Ihr könntet ihm ja etwas von euren Sachen

abgeben, wenn ihr mögt, aber – recht ist es ja eigentlich nicht.«
Greta und Jan gaben mir jeder einen Apfel. Heiner gab mir
ein paar Nüsse. Jakob gab mir zwei braune Kuchen. »Und von
mir kriegst du vielleicht auch noch was«, sagte Mutter, »sobald
ich weiß, warum der Weihnachtsmann dich so kümmerlich
bedacht hat.«

Eine ganze Stunde druckste ich noch herum, dann ging ich zu
meiner Mutter und sagte es ihr – leise, unter vier Augen: dass ich
nachts wieder aufgestanden wäre und dass ich meinen Teller vor
die anderen vier und mitten unter den Schornstein gestellt hätte.
Mutter guckte mir still in die Augen und strich mir über den
Scheitel. »Es ist gut«, sagte sie, »wir wollen nun nicht mehr
davon sprechen. Du darfst deinen Teller heute Abend noch mal
hinstellen – mitunter kommt ja der Weihnachtsmann noch mal
zurück.«
Ich stellte abends – ganz allein – meinen Teller wieder auf den
Herd. Nicht direkt unter den Schornstein, aber auch nicht zu
weit weg auf den Rand, sondern so halb bis zur Mitte, als ob
noch vier andere Teller danebenständen. – Und ich hatte am
nächsten Morgen: vier schöne Äpfel, etwa zwanzig Nüsse und
drei braune Kuchen und obendrauf eine schöne weiche, wollene
Mütze – mit einem bunten Klunker. Ich habe mich ganz toll
gefreut und habe sie lange getragen.

Ich denke noch oft an diesen Weihnachtsmorgen und an diese
weiche wollene Mütze mit dem bunten Klunker – besonders
immer dann, wenn ich meinen Teller mal wieder irgendwo – vor
die anderen und mitten unter den Schornstein stellen möchte.

Rudolf Kinau

Die Arbeitskraft

Da hört man immer die Leute sagen,
der Weihnachtsmann könnt vor den Feiertagen
sich vor lauter Arbeit einfach nicht retten.
Er und die Heinzelmänner hätten
zu große Plage mit all den Geschenken.
Ja, bei so vielen Kindern – man kann sichs ja denken.

Warum aber nimmt dann der Weihnachtsmann
nicht mich für die Zeit als Hilfskraft an!
In der Schule würde ich Urlaub bekommen;
vor Weihnachten wirds so genau nicht genommen,
namentlich nicht, wenn der Lehrer wüsste,
dass ich dem Weihnachtsmann helfen müsste.

Und ich würde das doch so gerne machen!
Zum Beispiel Spielzeug und solche Sachen
zusammentragen und ausprobieren –
es muss alles nachher doch gut funktionieren!
Besonders gern hülfe ich beim Backen:
so Rosinen waschen und Mandeln hacken.
Ja, dazu würd ich hervorragend passen.
Ich möchts ihn so gerne wissen lassen!

Weihnachtsmann! Weihnachtsmann! Hörst du mich?
Hier ist eine Arbeitskraft für dich!

Seit vielen Jahren sammele ich Kinder-Weihnachtsbriefe. Sie alle sagen: Kinder wünschen sich oft viel mehr als nur Geschenke. Das klingt aus manchem kleinen Text heraus, den Kinder schrieben. Ich lese Ihnen einige vor.

Ein kleiner Junge schreibt

Beeil dich doch, lieber Weihnachtsmann!
Fang endlich mit der Bescherung an!
Ich werde auch ganz bescheiden sein.
Wünsch mir nur ein Auto – aber nicht so klein!
Und ferngesteuert – bitte ja!
Das muss schon sein. Das ist doch klar!

Doch hast du schon gehört,
was die Leute so reden?
Jemand hat gesagt, es würde dich gar nicht geben!
Aber Florian, mein Freund, der schwört,
dass er dich selbst gesehen hat.
Du fuhrst im Schlitten durch unsere Stadt.
Und ich, ich hab schon geträumt von dir.
Du reichtest das Auto – ein gelbes – zu mir.
Also, lieber Weihnachtsmann, komm bald zu mir her!
Ach ja: Wenn das Auto rot ist, freu ich mich noch mehr.

An die Eltern

Einmal nur am Weihnachtsabend bin ich wirklich froh,
und ich glaube, Mutti und Vati geht es ebenso.
Lieder singen wir gemeinsam,
Mutti spielt Klavier.
Sie hören beide zu, wenn ich was sage,
und sind besonders lieb zu mir.

Ich bin Monika!

Bald ist Weihnachten!
Ich schenke Vati ein Feuerzeug zu 11 Euro.
Vati schenkt Peter einen Tennisschläger zu 11 Euro.
Peter schenkt Mutti eine Handtasche zu 9 Euro 50.
Mutti schenkt mir eine CD zu 8 Euro 50.
Für 2 Euro 50 muss ich noch bekommen. – Von wem?
Ich bin gespannt auf Weihnachten.

Bittbrief an den Weihnachtsmann

Lieber Weihnachtsmann,
weißt du, warum meine Eltern sich haben geschieden?
Sie sagten mir nur, dass sie sich nicht mehr lieben.
Warum wohl? Ich finde das gar nicht schön
und kanns überhaupt nicht versteh'n!

Und wie oft haben sie mir gesagt,
wie sehr sie sich gefreut,
als ich kam zur Welt – gerade zur Weihnachtszeit!
Wie waren wir doch immer so fröhlich zu dritt!
Beim Spazierengehen ging ich stets in der Mitt!

Mama sagt, der Papa wäre »abgehauen«
– ich kann es gar nicht glauben!
Kann ich jetzt Papa – oder Mama nicht mehr vertrauen?
Jetzt bin ich immer mal bei der Mama und dann mal bei dem Papa.
Das macht mich oft traurig. Das verstehst du doch – ja?

Weihnachten ist doch das Fest der Liebe.
Wir möchten alle, dass es auch so bliebe!
Sag selbst, ist es da nicht recht,
wenn ich grade dann mit beiden feiern möcht?
Nun, sag mir bitte, lieber Weihnachtsmann,
was ich daran ändern kann.

Lieber Weihnachtsmann, für mich wärs
das schönste Geschenk, das glaube mir!
Wenn du das mal richtig regelst,
will ich auch nichts weiter mehr haben von dir!   *Deine Claudia*

Liebes Christkind,

wenn du einmal Zeit hast, dann komm doch mal runter und
bringe grüne Farbe mit, damit die Tannenbäume wieder schön
werden. Warum kümmerst du dich nicht darum, dass die Luft
rein und gut ist? Dann würden die Bäume nicht alle eingehen
und sähen nicht so traurig und hässlich aus.

Was kriegen die Kinder vom Weihnachtsmann,
und was kriegt das Krokodil?
Was kriegen der Bär und der Leguan
und der Ägypter am Nil?

Ich weiß nur, der Affe in unserem Zoo
bekommt drei Bananen geschenkt,
und ganz bestimmt ist der Affe sehr froh,
wenn der Weihnachtsmann an ihn denkt.

Ich weiß auch genau, dass der Weihnachtsmann
die Großmama nie vergisst,
weil ich ohne Zögern sagen kann,
dass sie meistens artig ist.

Doch was unser Kind heut vom Weihnachtsmann kriegt,
das weiß nur das Christkind allein,
denn was heute nacht unterm Tannenbaum liegt,
soll noch ein Geheimnis sein.

Weihnachtswunsch

Hallo, lieber Weihnachtsmann,
sieh mich ruhig freundlich an!

Schließlich bin ich immer brav,
sage mein Gedicht im Schlaf,
und wer mich ins Unrecht setzt,
der wird gleich von mir verpetzt.

Drohe nur nicht bloß den Kindern,
sondern auch den großen Sündern!
Sollst, das sag ich unverhohlen,
denen mal den Po versohlen!

Denn die manchmal gar nicht Netten
nehmen sich, was wir gern hätten:
Kinderspielplatz, Hof und Straße,
alles bloß nach ihrer Nase.

Da, wo Spaß und Spiel und Dreck,
schimpfen Leute: »Schert euch weg!«
Und bei dem, der so was macht,
wär die Rute angebracht!

Darum, lieber Weihnachtsmann,
mach erst mal die Großen an!

Hilda Kühl

Etwas ganz Neues!

Die kleine 5-jährige Antonia sitzt auf dem Fußboden und besieht Weihnachtsmänner in einem Bilderbuch.
Alle haben einen weißen Bart, tragen rote Kapuzenmäntel und fahren in einem großen Schlitten, der von Hirschen oder Rentieren gezogen wird. Einer in einem prunkvollen, goldenen Schlitten fährt sogar vierspännig. Einer geht zu Fuß und trägt einen kleinen Weihnachtsbaum über der Schulter.
Nachdenklich schiebt Antonia das Buch zur Seite.

Plötzlich springt sie auf und rennt zu ihrer Mutter. Die näht gerade neue Kleider für Antonias Puppe. Schnell versteckt die Mutti ihr Nähzeug.
»Mutti«, ruft Antonia aufgeregt, »du bist doch die Klügste. Oder sagen wir – fast!«
»Was möchtest du denn wissen?« fragt die Mutter.
»Kannst du mir mal sagen, warum es nur Weihnachtsmänner gibt und keine Weihnachtsfrauen?«
»Nun, darüber habe ich noch nie nachgedacht. Vielleicht, weil Frauen keinen langen Bart haben?«
»Als Weihnachtsfrau brauchen sie doch keinen so ollen weißen, langen Bart!«
»Frauen sind aber auch nicht stark genug, um Weihnachtsbäume zu schleppen und wilde Hirsche zu lenken, die ihre Schlitten mit den vielen Paketen ziehen.«
»Weihnachtsfrauen könnten doch einen Esel nehmen, der alle Pakete trägt. So wie Papa das auch immer muss! Dazu muss er auch noch immer alles bezahlen«, sagt Antonia.
»Ja«, findet die Mutter. »Im Zuge der Gleichberechtigung sollte man das wirklich mal ändern.«
»Frauen sind auch noch viel schöner als Männer!« ruft Antonia. »Mutti, dann könntest du doch die erste Weihnachtsfrau sein!«
Die Mutter lacht. »Na ja, ich kann es ja mal versuchen. Ich glaube, es würde mir Spaß machen!«

Plötzlich hören sie Schritte. Der Papa kommt heim.
Freudestrahlend läuft Antonia ihm entgegen.
»Papa – ich weiß was ganz Neues! – Wir haben jetzt eine Weihnachtsfrau! Die einzige und schönste Weihnachtsfrau der Welt!«
»Das ist ja prima! Und wo kann man so eine Weihnachtsfrau haben?«
»Sie ist nebenan und näht gerade einen Knopf an deine Hose. Sie braucht jetzt nur noch einen Esel, der ihr die Pakete trägt!«

So kanns gehen

Eine lustige Panne ist uns Weihnachten
mal passiert!
Unsere Kinder waren damals noch in
dem Alter, wo sie nicht mehr so recht an
den Weihnachtsmann glaubten.
Das hatte sich aber schnell geändert, als
unser Nachbar einmal den Weihnachtsmann spielte und plötzlich seinen Bart
verlor.
Prompt sagte unser Kleinster: »Du bist
gar nicht der Weihnachtsmann. Dann
brauche ich ja auch kein Gedicht aufzusagen. Aber den Sack mit den Geschenken, den lass man hier!«

Weihnachtsmann auf Reisen

Es schneit, draußen ist es kalt und nass!
Da macht das Reisen keinen Spaß!
Und doch – dem lieben guten Weihnachtsmann
macht es nichts aus. – Er zieht warm sich an
und jagt von Tür zu Tür, von Haus zu Haus,
packt überall seine Geschenke aus.
Und doch – bei dem Wetter freut er sich sehr
wenn sein schwerer Sack ist leer.

Dann helft ihm, Kinder! Sagt ein Gedicht,
der Weihnachtsmann zeigt sein liebes Gesicht
und schüttet den ganzen Sack für euch aus
– und dann kann er endlich auch nach Haus.

Der Stern

Hätt einer auch fast mehr Verstand
als wie die drei Weisen aus Morgenland,
und ließe sich dünken, er wäre wohl nie
dem Sternlein nachgereist wie sie –
dennoch, wenn nun das Weihnachtsfest
seine Lichtlein wonniglich scheinen lässt,
fällt auch auf sein verständig Gesicht,
er mag es merken oder nicht,
ein freundlicher Strahl
des Wundersternes von dazumal.

Theodor Storm

Christkindchen, komm in unser Haus,
leer' deine großen Taschen aus,
stell deinen Schimmel untern Tisch,
dass er Heu und Hafer frisst.
Heu und Hafer frisst er nicht???
Zuckerbrezel kriegt er nicht!

Der Weihnachtsmann

»Findet er denn den Weg aus der dunklen Ferne?«
Das habe ich meine Mutti gefragt.
»Sterne leuchten ihm aus weiter Ferne«,
hat sie da zu mir gesagt.

Sicher kommst du, lieber Weihnachtsmann,
mit deinem großen Schlitten an.
Ich weiß, dein Weg ist ziemlich weit,
hoffentlich verpasst du nicht die Zeit!

Aus dem Tagebuch des 11-jährigen Thomas

20. Dezember – vier Tage vor Weihnachten
Gestern mit Stefanie Wohnung durchsucht – Schwestern sind manchmal doch ganz
nützlich. Mama war einkaufen, Papa zur Arbeit. Stefanie kriegt Rollschuhe und
Armbanduhr. Ich kriege Skier und Fußball. – Ganz anständig von den Alten.
Werden so tun, als wüssten wir nichts. – Wegen Überraschung!
Letzte Rechenarbeit: eine Fünf. Große Sch... Werde nichts sagen zu Hause – stört
nur Weihnachtsfrieden.

Papa beim Abendessen wieder Vortrag gehalten, wie es früher war:
»Bei uns gab es zu Weihnachten nur Mütze, Schal, Mensch ärgere dich nicht und Honigkuchenmann.«
Ich sage nur: Angeber!
Mit Steffi beraten – was Mama schenken? Papa kriegt Papierkorb. Wünscht sich selbst gebastelten. – Blödsinn. Kriegt gekauften. Sieht genau so aus! und – kostet nur 3 Euro 50!
Soll Papa Weihnachtsfreude machen: Sein Auto waschen! Er selbst drückt sich! – Immer dasselbe –
Möchte auch gern erwachsen sein.

21. Dezember – noch drei Tage bis Weihnachten
Das war ein blöder Tag!!
Musste mit Papa Tannenbaum kaufen. In 10 Minuten hatten wir einen gefunden. War aber nicht richtig! Mama und Tante Bertha gemeckert: »Der ist ja viel zu lütt und schon ganz krumm. Und denn hat er ja nicht mal 'n Fuß! Los – den tauscht ihr sofort wieder um!«
Ich fand den Baum schön!!
Aber es nützte nichts – wir mussten wieder los!
Da hat uns eine alte Tussi einen Riesenbaum angedreht!
Kaum waren wir in der Tür, schimpfte Oma los (sonst ist sie immer ganz lieb!):
»Wo sollen wir denn mit so 'n Riesendings hin! Der geht ja bis an die Decke!«
Frauen sind manchmal zickig! – Möchte nie heiraten! Papa war sauer! Schimpfte:
»Weiber!!! – Euch werd ichs zeigen!«
Ohrfeige von Papa. Krippe auf Kleiderschrank mit Zwille beschossen – Kopf von Josef ab. Soll vom Taschengeld neuen Josef kaufen. Mist, gerade vor Weihnachten.
Was Mama schenken? – Vielleicht Topflappen? Hat sie aber schon!
Mütter sind schwierig – Weihnachten!

22. Dezember – übermorgen ist Weihnachten

Früh aufgestanden! Baum wieder zurückgebracht. Erst zwei Stunden in
Papas Stammkneipe gesessen. Halbes Hähnchen gekriegt und Sprudel und
Kaugummi.
Papa fünf Bier getrunken – mitgezählt. Soll nichts Mama sagen. Ehrensache!
Dann wieder zum Tannenbaumstand.
Nun hat Papa den Baum wiedergeholt, mit dem sie uns zuerst weggeschickt hatten.
Diesmal aber mit Fuß! Das war clever!
Zu Hause haben Oma und Tante Bertha den Papa umarmt und gesäuselt: »Ist das
aber ein schöner Baum! So 'nen Baum hatten wir noch nie!
Warum nicht gleich so? War das nicht der Mühe wert, lieber Paul?«
Papa hat gelacht und Psst gemacht!.
Ja, auch Erwachsene können manchmal ganz schön doof sein!

23. Dezember morgen, morgen ist es so weit!

Ohrfeige von Papa. Ins Klassenbuch eingetragen. Wegen nix! Nur mit Peter und
Max Fensterscheibe eingeschmissen. Papa war sauer! Versteht keinen Spaß!
Was Mama schenken? Hats verdient! Nach Ohrfeige von Papa mir heimlich Kekse
zugesteckt. Prima Frau!
Papa knurrt rum. Tante Luise hat geschrieben. Will Weihnachten kommen! Hörte,
wie Papa von »Ziege« sprach und Mama Psst machte. Wegen uns – albern! Wissen
doch, wer gemeint ist.
Spekulatius genascht. Fünf Stück! – Erwischt – aber nur von Mama. Papa hätte
gleich gebrüllt. Nascht aber selbst. Vor allem Aufschnitt. Deshalb auch so dick!
Stöhnt immer beim Schuhe-Zumachen. Will früher Fußballer gewesen sein.
Mittelstürmer! – War wohl Platzwart!
Was Mama schenken? – Habe nur 5 Euro.
Wenn ich groß bin, kriegt Mama ein Auto von mir!

Thomas

Brief an das Christkind

Ich wünsche mir zum Heiligen Christ
einen Kopf, der keine Vokabeln vergisst,
einen Fußball, der keine Scheiben zerschmeißt,
und eine Hose, die nie zerreißt!

Ich wünsche mir zum Heiligen Christ
eine Oma, die nie ihre Brille vergisst,
einen Nachbarn, der unser Spielen nicht stört –
und einen Wecker, den niemand hört.

Ich wünsche mir zum Heiligen Christ
eine Schule, die immer geschlossen ist,
eine Mutter, die keine Fragen stellt
und einen Freund, der die Klappe hält.

Doch weil ich das alles nicht kriegen kann,
überlass ich die Sache dem Weihnachtsmann.

Erika Wildgruber-Ulrici

In der Schule mussten die Kinder einen Aufsatz zu diesem Thema schreiben. Der zehnjährige Moritz schrieb so:

Weihnachten zu Hause

Mein Papa ist der liebste und beste Papa von der Welt! Er ist auch mein bester Freund.
Meine Mama wohnt nicht mehr bei uns, sie hat jetzt einen anderen Ehemann. Zuerst war ich ganz traurig. Mama und Papa haben sich wohl oft geküsst, aber auch viel miteinander gestritten. Und das war nicht schön!

Ich habe noch einen Bruder. Der heißt Max. Weil ich Moritz
heiße, sind wir also »Max und Moritz«. Und das verpflichtet!
Max ist wohl zwei Jahre älter als ich, aber ich bin fast so groß
und stark wie er. Und darum habe ich auch oft Probleme mit
Papa. Warum sagt er z. B. immer »Kleiner« zu mir?

Nun leben wir mit unserem Papa allein. Das ist aber nicht
weiter schlimm. Papa ist ein toller Kumpel und ein guter
Hausmann. Er kocht zwar immer das Gleiche, aber sonst
klappt es ganz gut mit uns.
Aber Weihnachten habe ich mich richtig über ihn geärgert!
Diese Ungerechtigkeit!
Wir mussten vor Weihnachten extra einen Wunschzettel
schreiben. Eigentlich Quatsch! Aber er will das so. Ich hatte
mir einen Computer gewünscht und Max ein neues Fahrrad.
Und was passierte?
Max bekam den Computer und ich das Fahrrad!
Papa kann doch wohl lesen! Soll er doch besser aufpassen!
Oder meint er, dass ich – weil ich fünf cm kleiner bin als Max
– für einen Computer zu dumm bin?

Nachdem wir erst gemault und geweint haben und Papa sich
für seinen Fehler entschuldigt hatte, haben wir nachgegeben
und unsere Geschenke getauscht. So bekam doch jeder das,
was er sich gewünscht hatte. Aber – Strafe muss sein! Dafür
musste Papa uns noch einen Geldschein geben, mit dem wir
uns zusätzlich noch einen Wunsch erfüllen können.
Aber dann kam der große Knüller!
Als wir gegessen und noch zweimal »Mensch, ärgere dich
nicht!« gespielt hatten (das ist bei uns Weihnachten immer so
üblich!), schickte er uns ins Bett.

Und was machte der Papa? Obgleich er keine Ahnung von Technik hat, spielte er doch tatsächlich noch mit meinem Computer!! Das wollte er ja nur! Und das tat er auch noch am nächsten Tag!
Mann, war ich sauer!

Nun musste etwas geschehen. Strafe muss sein! Am Tag nach Weihnachten haben wir dem Papa noch einen Streich gespielt, wie die anderen »Max und Moritz«, die jeder kennt. Weil er immer so eitel ist, haben wir ihm sein Rasierzeug, auch das scheußliche Rasierwasser, weggenommen. Seinen Autoschlüssel haben wir im Kühlschrank und seine Brieftasche in der Waschmaschine versteckt. Aus seinem Fahrrad haben wir die Luft rausgelassen!

Nun musste er zu Fuß zur Arbeit gehen und konnte sich auch kein Taxi bestellen. Diese Blamage! Immerhin ist er so etwas wie ein »Geschäftsführer«. Ich fand es toll von ihm, dass er nicht einmal geschimpft, sondern sogar gelacht hat. Aber schließlich dürfen Väter sich doch auch nicht alles erlauben, oder? Hatte er nicht seine Strafe verdient?

Und doch: Der Papa ist und bleibt für uns der allerbeste Papa auf der Welt. So ein allein erziehender Vater hat es nicht immer leicht. Zumal wenn man uns, Max und Moritz, ertragen muss. Wir werden darum auch versuchen, für ihn eine neue Frau und für uns eine Mutti zu finden.
Das wäre unser größter Wunsch! Es muss ja nicht unbedingt ein Weihnachtsgeschenk sein!

Das meinen *Max und Moritz.*

Das Brausebad

Seelenvergnügt in der Badewanne
sitzt unsre kleine blonde Susanne,
schäkert und spritzt und planscht wie im Meer.
Eine ganze Sintflut um sich her!
Mama wird schön böse sein!
»Na, warte du Schlingel!«
Surr, geht draußen die Klingel.
»Je,« sagt Mama, »es klingelt auch grade
immer, während ich Suschen bade!
Sei ganz lieb jetzt, mein Herzblatt! – Ja?
Gleich ist die Mutti wieder da.
Und fass mir oben den Griff nicht an!
Das ist die Glocke zum Weihnachtsmann!
Die hängt von der Decke in dicken Schnüren,
da darf beileibe kein Kind dran rühren.«

Sie geht. – Und Susi, die jetzt allein ist,
wäscht ihre Seife, bis sie ganz klein ist.
Zieht das Badelaken vom Tisch herunter
und schleift es durch alle Pfützen munter.
Aber schließlich wird ihr die Sache zu dumm.
Sie dreht sich energisch zur Türe um:
»Mutti, Muttchen, du sollst gleich kommen.
Susi hat nun genug geschwommen!«
Alles bleibt still! – Und über ihr
hängt der blitzblanke Griff und zwinkert zu ihr.
Und Susi denkt: Wenn sie nur einmal
ein kleines bisschen dran zieht,
ob der Weihnachtsmann wohl durch die Türritze sieht?

Dann könnte sie ihm Bescheid gleich sagen
von wegen dem Ball und dem Puppenwagen.
Sachte, ganz sachte steht sie auf.
Langt mit den dicken Patschern hinauf,
fasst an der Schnur – und da – und da –
denkt euch, ihr Leute, was da geschah!
Es tröpfelt, es rieselt, es plätschert, es braust!
Es strömt, es quillt, es zischt und saust.
Hu – und so viel! Hu – und so kalt!
Suschen brüllt, dass es häuserweit schallt!
Mama kommt gestürzt, Mama kommt geflogen!
Suschen, oh weh, hat die Brause gezogen!
Sitzt in der Wanne – zu Tode erschrocken.
Wasser im Näschen, im Ohr und in den Locken.
Schluchzt, während sie in Tränen zerfließt:

»Der Weihnachtsmann hat mich mit Wasser begießt!
Und ich hatte doch bloß so ganz leise geschellt
und mir was bei ihm bestellt!«

Lieber guter Weihnachtsmann,
schenk mir einen Kuchenmann,
nicht zu groß und nicht zu klein,
ich will auch immer artig sein.
Gibst du mir einen kleinen,
fang ich an zu weinen.

Ich bin zwar nur ein kleiner Mann,
doch weiß ich, was ich will.
Und wenn ich nicht mehr weiter kann,
dann bin ich einfach still.
Jetzt hab ich leider keine Zeit,
denn Weihnachten ist heut!

Ich bin ein Weihnachtsmann in Nöten.
So manches kann den Nerv mir töten!
Wie soll ich nur bei diesen Preisen
Zu all den lieben Kindern reisen?

Alles wird teurer, ganz gleich, was es ist!
Wenn ich alter Mann nur wüsst,
wie das soll weiter geh'n.
Ich kann die heutige Zeit nicht versteh'n.

Das Verteilen der Geschenke fällt mir so schwer.
Wo nehm ich nur Schlitten und Rentier her?
Vierbeinige Esel werden jetzt auch knapp.
Und immer das Laufen bergauf und bergab!

So schnell komm ich jetzt ins Schnaufen.
Sollte ich gar noch ein Auto kauen?
Bei dem Benzinpreis ist das nicht zu schaffen.
Ich werde mich wohl doch zu Fuß aufraffen.

Mir bleibt nichts übrig, ich muss mir morgen
ein Paar Rollschuhe oder Skateboards besorgen.
Dann komm ich zu euch wie immer geschwind,
rase um die Ecken wie der Wind!

Doch inzwischen sind die Wünsche der Kinder so groß!
Da brauch ich ein Fahrzeug. Was mach ich bloß?
Ich glaub, ich bleib dies Jahr ruhig zu Haus,
ruhe mich mal so richtig aus,
und kommt dann für mich eine bessere Zeit,
komm ich nächstes Jahr wieder – das verspreche ich heut!

Essen und Trinken zu Weihnachten

Auf keinen Fall dürfen wir vergessen
wie wichtig an den Feiertagen ist das Essen!
Jeder bringt vor seinen speziellen Wunsch.
Bekommt er es nicht, dann zieht er 'nen
Flunsch!

Die Weihnachtsgans

Tiefgefroren in der Truhe
liegt die Gans aus Dänemark.
Vorläufig lässt man in Ruhe
sie in ihrem weißen Sarg.

Ohne Bein, Kopf und Gekröse
ruht sie neben dem Spinat.
Ob sie wohl ein bisschen böse
ist, dass man sie schlachten tat?

Oder ist es doch zu kalt ihr?
Man sieht's an der Gänsehaut …
Nun, sie wird bestimmt nicht alt hier:
Morgen wird sie aufgetaut.

Hm, welch Duft zieht aus dem Herde
durch die ganze Wohnung dann!
Macht, dass gut der Braten werde,
morgen kommt der Weihnachtsmann!

Heinz Erhardt

Plätzchen backen

Hallo, liebe Mutti, mach den Backofen an!
Bald kommt doch der Weihnachtsmann!
Dann müssen die Plätzchen fertig sein.
Grad deine schmecken immer so fein!
Zum Helfen sind wir Kinder gerne bereit,
dann hast du auch für uns mehr Zeit.
Du weißt, mir macht das Kuchenbacken so viel Spaß!
Doch eins wünsch ich mir – und weißt du was?
Wir backen einen Weihnachtsmann aus Kuchenteig.
Nach einer Vorlage aus Pappe ist das ganz leicht
Erst kneten wir den Teig – dann stechen wir ihn aus
und backen dann gleich noch ein Knusperhaus.

Ach, komm doch, liebe Mutti, lass uns gleich beginnen.
Wie schön wärs, wenn wir dabei noch singen!
Wenn dann der Duft der Plätzchen zieht durchs Haus,
dann kommt bestimmt der liebe Nikolaus.
Darf er dann auch deine Plätzchen mal schmecken?
Wird er uns dafür auch was in den Stiefel stecken?

Noch eins, liebe Mutti, lass dich überraschen,
ich werde bestimmt nicht wieder so viel naschen!

Weihnachten gibt es viel zu tun!

Weihnachten ist wohl die schönste Zeit!
Ein paar Tage noch, dann ist es so weit!
Viele Dinge gibt es jetzt zu tun!
Noch hat keiner Zeit, sich auszuruh'n.

Schon Wochen vor dem Fest muss man laufen,
um Geschenke für die Lieben zu kaufen.
Dann beginnt die große Qual der Wahl.
Ja, was schenkt man allemal?

Hat man endlich die Geschenke beisamm',
ist die Essensfrage dran.
Gänse – Enten – Putenbraten
ist der Mutti immer gut geraten.

Oder sollte es mal ein Wildbraten sein?
Mit Kartoffelklößen schmeckt er fein!
Essen wir Würstchen und Kartoffelsalat,
damit Mutti nicht soviel Arbeit hat?

Auf alle Fälle zum Essen ein Gläschen Wein,
das muss zum Weihnachtsabend schon sein!
Ist es mit dem Tannenbaumkauf dann soweit,
hat – wie immer – keiner Zeit!

Keiner will den Baum besorgen,
schiebt den Einkauf stets auf morgen.
Dann sind aber die schönsten Bäume alle!
Und wie schmückt man ihn schön – in diesem Falle?

Bei undichten Stellen durch fehlende Äste
ist wohl Lametta und Engelshaar das Beste.
Doch – so ein Pech – es ist nichts mehr da,
alles wurde entsorgt im letzten Jahr!

Auch Kerzen fehlen noch – ach, du Schreck!
Sogar die elektrischen Kerzen sind weg!
Aber wo können wir jetzt noch welche kaufen?
Wir sind überall herumgelaufen.

Enttäuschung und Ärger waren groß!
Keine Kerzen? – Was machen wir bloß?
Dort – im Schaufenster gingen Lichter an und aus!
Aus Gefälligkeit nahm man sie für uns raus.

Nun gab uns die Lichterkette fröhliches Licht.
An – aus, und an – aus, das vergessen wir nicht!
Der Ärger war verflogen! – Wie konnt es anders sein!!
Wir konnten uns nur noch von Herzen freu'n!

Das Festessen

**Was so
passieren kann!**

Zum Weihnachtsabend gehört auch ein festliches Essen.
Doch – was damit so passieren kann! Wahre Katastrophen!
An manche kann ich mich noch gut erinnern:

Fall 1:   Unsere Mutter konnte immer so leckeren Kuchen backen.
Besonders die weißen, braunen, Schmalz- und Nussplätzchen.
Nicht nur die Familie – nein, auch viele Freunde, Nachbarn,
der Postbote, die Zeitungsfrau und alle hilfsbereiten

Menschen freuten sich auf eine Kostprobe. Darum war Mutti vollkommen aufgelöst, als sie einmal statt Zucker – Salz in den Teig gegeben hatte.

Was da los war, kann sich wohl jeder vorstellen!

Übrigens ist mir das ausgerechnet auch mal Weihnachten mit einem Obstsalat passiert! – Gittigitt, haben wir da gespuckt!

Fall 2:   Am letzten Heiligabend sollte es als Festessen Fisch geben. Wie üblich, hatte unser Vater rechtzeitig einen lebenden Karpfen besorgt. Bis Heiligabend musste er noch in der großen Badewanne schwimmen. Dann erst sollte er geschlachtet werden. Man sagt ja: Fisch muss immer ganz frisch sein! Als sein Todesurteil gesprochen wurde, gab es aber ein Problem! Niemand konnte (oder wollte) das Tier schlachten.

So schwamm unser Karpfen auch Silvester noch in der Badewanne herum. Und gerade zum neuen Jahr wollten wir alle doch baden! Zum Glück hat dann unser Nachbar sich angeboten, das Tier zu schlachten! So kamen wir wenigstens Silvester noch zu unserem Karpfenessen!

Fall 3:   Wir hatten selbst einen kleinen Geflügelhof! Wochenlang wurde unsere Gans für Weihnachten extra gemästet. Jeder freute sich schon auf einen leckeren Gänsebraten! Unsere Gans – sie hieß übrigens »Berta« – war uns als Haustier aber so ans Herz gewachsen, dass niemand sie schlachten konnte. Nicht einmal der Nachbar, dem sie auch immer nachgelaufen kam. Es war gut, dass unsere Mutter wenigstens noch eine Dose Würstchen im Schrank hatte. – Unsere Rettung! Ich weiß nur noch, dass unsere Gans später ihr Gnadenbrot bekommen hat!

Fall 4:   Einmal sollte es als Festessen einen Putenbraten geben. Eine
große Pute lag schon lange eingefroren im Gefrierschrank.
Und wieder gab es eine Panne! Meine Mutter hatte vergessen,
das große Vieh aufzutauen. Ja, und da gab es erst am zweiten
Feiertag den köstlichen Braten.

Die Weihnachtsmaus

Die Weihnachtsmaus ist sonderbar, sogar für die Gelehrten,
denn einmal nur im ganzen Jahr entdeckt man ihre Fährten.
Mit Fallen oder Rattengift kann man die Maus nicht fangen.
Sie ist, was diesen Punkt betrifft, noch nie ins Garn gegangen.
Das ganze Jahr macht diese Maus den Menschen keine Plage,
doch plötzlich aus dem Loch heraus kriecht sie am Weihnachtstage.
Zum Beispiel war vom Festgebäck, das Mutter gut verborgen,
mit einem Mal das Beste weg am ersten Weihnachtsmorgen.
Da sagte jeder rundheraus: »Ich hab es nicht genommen!
Es war bestimmt die Weihnachtsmaus, die über Nacht gekommen.«

Ein and'res Mal verschwand sogar das Marzipan vom Peter,
was seltsam und erstaunlich war. Denn niemand fand es später.
Der Christian rief rundheraus: »Ich hab es nicht genommen!
Es war bestimmt die Weihnachtsmaus, die über Nacht gekommen.«
Ein drittes Mal verschwand vom Baum, an dem die Kugeln hingen
Ein Weihnachtsmann aus Eierschaum nebst andren leck'ren Dingen.
Die Nelly sagte rundheraus: »Ich hab es nicht genommen!
Es war bestimmt die Weihnachtsmaus, die über Nacht gekommen.«
Und Ernst und Hans und der Papa, die riefen: »Welche Plage!
Die böse Maus ist wieder da, und just am Feiertage!«

Nur Mutter sprach kein Klagewort. Sie sagte unumwunden:
»Sind erst die Süßigkeiten fort, ist auch die Maus verschwunden!«
Und wirklich wahr: Die Maus blieb weg, sobald der Baum geleert war,
sobald das letzte Festgebäck gegessen und verzehrt war.
Sagt jemand nun, bei ihm zu Haus, bei Anna oder Lieschen,
da geb es keine Weihnachtsmaus – dann zweifle ich ein bisschen!
Doch sag' ich nichts, was jemand kränkt! Das könnte euch so passen!
Was man von Weihnachtsmäusen denkt, bleibt jedem überlassen!

James Krüss

Nun, das ist die Geschichte von der Weihnachtsmaus.
Die lief ja noch ganz friedlich aus.
Doch dazu möchte ich noch erzählen,
dass auch Eltern können fehlen.
Sie sind nicht immer brave Engel!
Auch Väter sind oft »ungezogene Bengel«.

Wir hatten zu Haus einen Vater, der gern naschte.
Also – einen »Naschkater«, den ich mal überraschte,
als er sich vom Baum einen Kringel nahm
und – als dann unsere Mutter kam –
mit total unschuldigem Gesicht
treuherzig sagte: »Ich war es nicht.«

Ja, Väter sind auch nicht immer »ganz ohne«!
Wobei ich aber noch betone:
Leid tat er mir doch, unser lieber Papa,
denn was am Baum hängt, ist doch zum Naschen da!

Hausputz zum Fest!

Wie es so üblich, gehört auch das »Reinemachen«
von jeher – und besonders – zu Weihnachten!
Kurz vor dem Fest fängt das Putzen an,
denn schließlich kommt der Weihnachtsmann.
Und nicht nur er – nein, meist auch Verwandte,
vielleicht auch gute Freunde und Bekannte.
Jetzt soll alles tipptopp sauber und rein,
und die Gardinen müssen gewaschen sein!
So wird dann gescheuert mit Fleiß und Kraft!
Weihnachten selbst ist man total geschafft!

Doch dann – an diesem Heiligabend saßen wir allein
unterm geschmückten Tannenbaum beim Kerzenschein.
Unsere Gäste? Kurzfristig abgesagt!
Auch der Weihnachtsmann hatte sich beklagt,
er habe in diesem Jahr gar keine Zeit.
Er entschuldigte sich – es tue ihm leid.

Hätten wir nicht geputzt, das möcht ich garantieren,
wären alle gekommen, die Wohnung zu inspizieren.
Und wenn man die Dinge mal richtig betrachtet,
ist ein Reinmachefimmel doch wirklich verkehrt,
weil kaum jemand auf die Staubkörnchen achtet.
Und wenns einer doch tut? Der ist es nicht wert,
der soll wegbleiben und die Freude nicht trüben,
wenn wir Weihnachten feiern mit uns'ren Lieben.

Der Bratapfel

Kinder, kommt und ratet,
was im Ofen bratet!
Hört, wie's knallt und zischt!
Bald wird aufgetischt,
der Zipfel, der Zapfel,
der Kipfel, der Kapfel,
der gelbrote Apfel.

Kinder, laufet schneller,
holt euch einen Teller.
Holt eine Gabel!
Sperrt auf den Schnabel
Für den Zipfel, den Zapfel,
den Kipfel, den Kapfel,
den goldbraunen Apfel!

Sie pusten und prusten,
sie gucken und schlucken,
sie schnalzen und schmecken,
sie lecken und schlecken
den Zipfel, den Zapfel,
den Kipfel, den Kapfel,
den knusprigen Apfel!

Weihnachtszeit – Plätzchenzeit!

Natürlich gibt es Frauen, die kühl und höchst verständig argumentieren: Dieser
ganze Aufwand an Zeit, Mühe und Unkosten lohne sich eigentlich gar nicht; da
oder dort gebe es das allerfeinste Weihnachtsgebäck zu kaufen – gar nicht mal so
teuer –, und das schmecke wie selbst gebacken. Mag sein. Aber Selbstbacken ist
eben doch etwas grundlegend anderes, obwohl es einigermaßen schwerfällt zu erklä-
ren, wieso. Also wird vor Weihnachten gebacken!

Die Problematik dieses nicht zu unterschätzenden Unternehmens beginnt schon bei
der Zeitwahl: Man will zwar in der Adventszeit ständig etwas vorzuweisen und
anzubieten haben, trotzdem will man Weihnachten nicht vor nahezu leeren

Behältnissen sitzen, in denen nur noch einige etwas stark gebackene Exemplare der weniger geliebten Traditionssorte übrig sind. Andererseits will man aber auch nicht bis zum Osterfest mit seinen Plätzchen hausieren gehen. Eigentlich braucht man über dies Problem nicht allzu lange nachzudenken. Denn: Wie man es auch macht, man macht es immer falsch, richtig auskommen wird der Vorrat nie. So ist man meist zu einer Zweitauflage verdammt, genau zu der Zeit, in der man ohnehin mit dem großen Weihnachtsendspurt beschäftigt ist.

Auch die Auswahl der Sorten stellt Probleme. Selbst sonst sehr reformfreudige, ja geradezu revolutionäre Typen halten es bei der Weihnachtsbäckerei mit geheiligten Traditionen. Manchmal bestehen sie sogar auf bestimmten Sorten von braunen Kuchen oder Pfeffernüssen, die schon die Großmutter in rauen Mengen fabriziert hat, die umständlich zuzubereiten sind und die eigentlich auch, trotz des dringenden Bedürfnisses nach ihnen, keiner so recht essen will. (Im Vertrauen gesagt, alle Hunde lieben sie leidenschaftlich, und wenn sie sie gegen März krachend zwischen ihren Zähnen verschwinden lassen, halten sie sie wohl für eine Art süßer Knochen.)

Manche Plätzchen sind rechte Kunstwerke mit mehreren Fabrikationsgängen. Sie ruhen auf Oblaten, bekommen feine Füllungen, werden in künstlichen Mustern aus mehrerlei Teig hergestellt und aufs Herrlichste verziert, bekommen Schokoladen- und Zuckerguss, kandierte Früchte und andere Köstlichkeiten obenauf, ja, man arbeitet malerisch und bildhauerisch an ihnen. Oft ist es einfach ein Jammer, dass diese Kunstwerke gebacken werden müssen, denn erfahrungsgemäß verlieren sie dabei meist. Es ist später auch ein Jammer für die Künstlerin, ihr Werk – unter Umständen gar gleichzeitig mit einer eher als Massenware zu bezeichnenden Schöpfung – ohne jede Hochachtung in irgendeinem Mund verschwinden zu sehen.

Übrigens ist den ganz großen Kunstwerken in Gestalt von künstlerisch modellierten, mit Bonbons und Zuckerwerk üppig gekleideten und gekrönten Pfefferkuchenmännern und -tieren oft ein anderes Los beschieden. Da sie viel zu schade zum Aufessen sind, verstauben sie über Jahre hinweg irgendwo. Glücklich ist diejenige zu schätzen, deren Angehörige ganz andere Plätzchen als die komplizierten Exemplare lieben: Makronen etwa, Nussstangen oder Heidesand. Da läuft doch die Fabrikation schnell und unkompliziert, und wenn nicht gerade die Mandelmühle beim Mahlen immer von der Tischfläche abrutscht, die Heidesandrollen Nebenluft haben und der Nussstangenteig so fest ist, dass nur ein Athlet ihn durch die Kuchenspritze pressen kann, so schafft man beträchtliche Mengen in recht kurzer Frist.

Hat man aber beim Backen kleine Zuschauer, so schätzen die zwar den Teig der eben genannten Sorten zum Probieren, genießen aber erst die richtige Weihnachtsbackfreude, wenn es etwas auszurollen und auszustechen gibt. Am liebsten übernehmen sie die Sache eigenhändig, was für jeden, der das mitgemacht hat, eine große Hilfe ist. Es wird langsam und bedächtig gearbeitet, schön dick ausgerollt, möglichst verschiedene Motive werden möglichst weit auseinander platziert, und man versucht gar, den geliebten Onkel in Teig zu gestalten. Wenn aber dann der Onkel bis zur Unkenntlichkeit zerläuft, gibt es Tränen der Wut und des Schmerzes zu stillen. Und neben all diesem gilt es, den Backofen immer wieder pünktlich zu leeren und mit neuen vollen Backblechen zu beschicken. Wie man weiß, nimmt Ausrollteig nahezu nie ein Ende, weil es immer die Reste auszurollen gibt. Das Backmaterial in Kinderhand nimmt dabei leicht eine etwas ins Grau gehende Färbung an. Auch hier erweist sich ein Hund als nützlich.

Falls Sie es übrigens noch nicht bemerkt haben: Ich bin eine leidenschaftliche Anhängerin der Weihnachtsbäckerei!

Heilwig von der Mehden

Die Weihnachtsfreude

Warum immer nur dieses Hetzen und Jagen?
Schenk doch anderen mehr von deiner Zeit!
Wie oft hört man die Menschen klagen:
»Niemand ist mehr zum Reden bereit!«
Schau dich mal um – vielleicht wohnt nebenan
ganz nah so ein Mensch, und es könnte gescheh'n,
dass er deine Hilfe jetzt brauchen kann.
Dann spürst auch du: Zeit haben ist so schön!

Wisst ihr noch, wie es geschehen?
Immer werden wirs erzählen:
Wie wir einst den Stern gesehen
mitten in der dunklen Nacht.

Stille war es um die Herde.
Und auf einmal war ein Leuchten
und ein Singen ob der Erde,
dass das Kind geboren sei!

Eilte jeder, dass ers sehe
arm in einer Krippe liegen.
Und wir fühlten Gottes Nähe.
Und wir beteten es an.

Könige aus Morgenlanden
kamen reich und hoch geritten,
dass sie auch das Kindlein fanden.
Und sie beteten es an.

Und es sang aus Himmelshallen:
Ehr' sei Gott! Auf Erden Frieden!
Allen Menschen Wohlgefallen,
welche guten Willens sind!

Immer werden wirs erzählen,
wie das Wunder einst geschehen
und wie wir den Stern gesehen
mitten in der dunklen Nacht.

Wenn ich ein Kind noch wär!

Wenn ich mir mal was wünschen könnt',
ich wünschte mir so sehr,
dass ich einmal so flink und behänd
wie ein kleines Kind noch wär!

Wie einst Heiligabend, so zündet' ich dann
vorsichtig Licht um Licht
an unserem großen Tannenbaum an.
's war immer so schön! Das vergisst man nicht!

Seh ich heut einen Weihnachtsbaum,
dann wird mir immer froh zu Mut.
Ich sehe alles wie im Traum
und denk – es wird schon alles gut!

Auch ist die Freude riesengroß,
hör ich ein Knistern und Klingen,
wenn ich, mit dem Enkel auf dem Schoß,
kann noch die alten Lieder singen.

Hör ichs dann draußen klopfen,
denk ich so gern daran,
wie einst meine Kinder lustig hopsten,
wenn endlich kam der Weihnachtsmann.

Dann seh ich den Enkeln beim Spielen zu,
bin froh, wenn ihre Wünsche in Erfüllung gehn.
Ich gönn mir jetzt einfach ein bisschen mehr Ruh
und denke: Weihnachten ist immer schön!

Die lustige Weihnacht

Heute tanzen alle Sterne,
und der Mond ist blank geputzt.
Petrus in der Himmelsferne
hat sich seinen Bart gestutzt.

Überall erklingt Geläute,
fröhlich schmückt sich groß und klein,
und die Heiligen tragen heute
ihren Sonntags-Heiligenschein.

Es ertönen tausend Flöten,
tausend Kerzen geben Glanz,
und die würdigen Kometen
wedeln lustig mit dem Schwanz.

Hinterm Zaun im Paradiese,
gar nicht weit vom Himmelstor,
musiziert auf einer Wiese
auch der Engelskinderchor.

Ihre roten Tröpfelnasen
putzen sich die Kleinen schnell,
und dann singen sie und blasen
auf Fanfaren, silberhell.

Jedes Jahr um diese Stunde
singen sie nach altem Brauch.
Alle Sterne in der Runde
lauschen – und die Menschen auch.

Manchmal aber, leise, leise,
wird der Chor der Engel stumm,
und im ganzen Erdenkreise
geht ein sanftes Flüstern um.

Dann erscheinen sieben Schimmel.
Zärtlich ruft es »Hü und hott!«
Und gemächlich durch den Himmel
fährt daher der liebe Gott.

Da verstummen alle Lieder,
und die Engel machen fix
mit gefaltetem Gefieder
vor dem Herrgott einen Knicks.

Alle gold'nen Sternenherden
dreh'n sich still dazu im Tanz,
und im Himmel wie auf Erden
leuchtet Weihnachtskerzenglanz!

James Krüss

O schöne, herrliche Weihnachtszeit,
was bringst du Lust und Fröhlichkeit!
Wenn der heilige Christ in jedem Haus
teilt seine lieben Gaben aus.

Und ist das Häuschen noch so klein,
so kommt der heilige Christ hinein,
und alle sind ihm lieb wie die Seinen:
die Armen und Reichen, die Großen und Kleinen.

Der heilige Christ an alle denkt.
Ein jedes wird von ihm beschenkt.
Drum lasst uns freu'n und dankbar sein!
Er denkt auch unser, mein und dein.

Heinrich Hoffmann von Fallersleben

Weihnachten

Markt und Straßen steh'n verlassen,
still erleuchtet jedes Haus.
Sinnend geh ich durch die Gassen,
alles sieht so festlich aus.

An den Fenstern haben Frauen
buntes Spielzeug fromm geschmückt,
tausend Kindlein steh'n und schauen,
sind so wunderstill beglückt.

Und ich wand're aus den Mauern
bis hinaus ins freie Feld.
Hehres Glänzen, heil'ges Schauern!
Wie so weit und still die Welt!

Sterne hoch die Kreise schlingen.
Aus des Schnees Einsamkeit
steigts wie wunderbares Singen –
o du gnadenreiche Zeit!

Joseph Freiherr von Eichendorff

Wieder ists Weihnacht, ihr sehnenden Herzen,
wieder die Tage der Freude im Leid.
Weichet, ihr Sorgen, und schwindet, ihr Schmerzen,
denn es ist Weihnacht. O selige Zeit!

Singet das »Ehre sei Gott!«, ihr Erlösten,
mit der lobpreisenden, oberen Schar!
Lasset das »Friede auf Erden!« euch trösten!
Jauchzt, dass der Höchste so gnädig uns war.

Schaut in die Zukunft mit seligem Hoffen,
wehrt den Gedanken der Trauer, der Pein.
Dankt, dass der Himmel in Liebe uns offen!
Feiert die Weihnacht mit Loben allein.

Weißt du noch?

Wohl jedes Jahr zur Weihnachtszeit
denk ich so gern zurück
an meine schöne Kinderzeit,
an eine Zeit voll Liebe und Glück.

Die schönsten Lieder haben wir gesungen.
Unsere Stimmen waren noch hell und rein!
Wie schön und zart haben sie geklungen!
Ach, könnt es noch einmal wie früher sein!

Wie schön wars dann auch, wenn Licht um Licht
am Weihnachtsbaume brannte nieder.
Ganz langsam, man bemerkte es nicht.
Ach, kämen die Stunden doch noch einmal wieder!

Auf einmal saßen wir im Schummern
ganz nah beieinander – ach, war das schön!
Und wenn die Lieder dann verstummten,
fiel es uns schwer, auseinander zu gehn.

Wir hatten so viel miteinander zu reden,
waren auch zum Zuhören immer bereit.
Ja, leider wird es sie kaum noch geben,
eine so besinnliche Weihnachtszeit!

Die Erinnerung kann uns niemand nehmen.
Und leben wir auch in ganz anderer Zeit:
Wir können neu Freude und Freundschaft erleben,
wenn wir zum Verstehen sind immer bereit.

Feste

Der Karpfen kocht, der Truthahn brät,
man sitzt im engsten Kreise
und singt vereint den ersten Vers
manch wohlvertrauter Weise.
Zum Beispiel »O du fröhliche«,
vom »Baum mit grünen Blättern« –
und aus so manchem Augenpaar
sieht man die Träne klettern.
Die Traurigkeit am Weihnachtsbaum
ist völlig unverständlich:
Man sollte lachen, fröhlich sein,
denn ER erschien doch endlich!
Zu Ostern – da wird jubiliert,
manch buntes Ei erworben!
Da lacht man gern – dabei ist ER
erst vorgestern gestorben …

Heinz Erhardt

Muss das heute so sein?

»Mutti, das ist heute nun mal so!« Diesen Satz hört man heute fast täglich von
jungen Leuten.
Die Gegenfrage wäre: »Ja, warum muss das heute so sein?« Ich gebe mir ja schon
Mühe, die heutige Zeit zu verstehen. Nur während der Weihnachtstage ist wohl
jeder – besonders der etwas ältere Mensch – ein wenig nachdenklicher, sensibel und
empfindlicher.
Jeder gönnt der Jugend doch von ganzem Herzen die fröhlichen Stunden mit den

Freuden in der Disco. Aber!! Könnten die jungen Leute nicht wenigstens am Heiligabend auf den Discobesuch verzichten und einmal bei der Familie bleiben? Einmal im Jahr! Ist das zuviel verlangt?

Man kann sich den Abend doch auch zu Hause so schön machen, und die Eltern und Geschwister würden sich bestimmt freuen.

Und wenn die Jugendlichen sich auch Weihnachten gern mit Freunden treffen möchten, müssten doch auch der erste und zweite Feiertag ausreichen.

Bitte – ihr Jungen – denkt einmal darüber nach!

Möchtet ihr später, wenn ihr älter seid, am heiligen Abend wohl ohne eure Kinder sein?

Bitte entschuldigt, wenn ich meine Gedanken so offen dargelegt habe. Sie belasten mich schon seit einer Ewigkeit.

Nach der Bescherung.

Einen Heiligabend werde ich nicht vergessen.

Es war nach der Bescherung. Etwas später als gewöhnlich gingen wir alle ins Bett. Unser Schlafzimmer lag neben dem Wohnzimmer. Plötzlich wurden wir durch ein lautes Gepolter aufgeschreckt!

Unser Tannenbaum war umgefallen! Als wir ins Zimmer kamen, lag der Baum mit seinem ganzen Behang an Kerzen, Kugeln, Süßigkeiten usw. auf dem Teppich!

Wir hoben alles auf und stiegen auf zwei Stühle, um ihn neu zu putzen. Dabei muss ich erwähnen, dass nicht nur ich, sondern auch mein Mann (wie es damals so war!) ein langes weißes Nachthemd trug.

Inzwischen kamen unsere vier Kinder angelaufen, um zu sehen, was passiert war.

Lachend sagte eines der Kinder: »Ihr seht jetzt aus wie die Weihnachtsengel! Aber ihr habt ja gar keine Flügel!«

Wir mussten alle so lachen, dass wir beinahe vom Stuhl gefallen wären. – Es muss aber auch ein köstliches Bild gewesen sein!

Aber für die Kinder sind Eltern bestimmt auch nicht immer Engel!

Mein Handy ist weg!

Ach du Schreck,
mein Handy ist weg!
Und ich wollte doch grad mal probieren,
mit dem Weihnachtsmann zu telefonieren.

Ich muss ihm unbedingt noch erzählen,
wie es so geht, mit dem Handy zu wählen.
Wie soll er denn wissen als alter Mann,
was man mit so 'nem Ding alles machen kann?

Hätt er nämlich auch ein Handy,
könnt ich ihn anrufen und ihm so viel sagen.
Auch dass wir Kinder uns gern mal beklagen,
zum Beispiel, wenn die Großen immer motzen,
weil wir zu viel in die Röhre glotzen.
Oder wenn wir zu wenig Schularbeiten machen.
Dabei schaffen wir alles mit links – es ist doch zum Lachen!

Ich möchte doch lieber zum Sportplatz gehen,
dort können wir toben, und das ist sooo schön!
Und wie cool ists, mit dem Skateboard zu wetzen.
Die Großen tun sich doch auch abhetzen.
Der Papa rast mit seinem Auto durchs Land.
Ist das denn richtig? Ich finds 'ne Schand.

Aber sonst sind wir zufrieden mit »den Alten«.
Gut wärs, wenn wir alle einfach so schalten,
wie wir möchten. Dann würden wir uns verstehn,
und das Weihnachtsfest wäre nochmal so schön.

Heute kam der Weihnachtsmann

Melodie:
Morgen kommt der
Weihnachtsmann

Heute kam der Weihnachtsmann
mit viel schönen Dingen.
Alles, was das Herz begehrt,
hat er uns so lieb beschert
und sein Säckchen ausgeleert.
Kommt und lasst uns singen!

Lieber guter Weihnachtsmann,
schwer bist du beladen.
Alle Kinder, groß und klein,
sitzen schon beim Kerzenschein,
können kaum noch stille sein,
möchten nicht mehr warten.

Lieber guter Weihnachtsmann,
schon' heut deine Glieder.
Auch wenn mal der Weg verschneit,
jederzeit bist du bereit.
Kaum hast du für dich mal Zeit.
Komm – und setz dich nieder!

Bitte, lieber Weihnachtsmann,
besuch uns doch mal wieder.
Hast so lieb an uns gedacht!
Alles, was uns Freude macht,
das hast du uns mitgebracht.
Bitte komm bald wieder!

Weihnachten in aller Welt

Rund um den Erdball wünschen sich die Menschen in dieser
Nacht ein frohes Fest.
Das klingt überall anders – und bedeutet doch immer
dasselbe. Vielleicht sind heute auch unter uns einige, die
fremde Sprachen sprechen und etwas beisteuern können?
Auf alle Fälle hier schon einmal eine kleine Auswahl:

In Bulgarien sagt man: Chestita Koleda.
Dänen rufen: Glaedelig Jul!
England, Australien und die USA gratulieren mit: Merry
    Christmas.
In Finnland wünscht man: Hauskaa Joulua!
Auf Französisch heißt das: Joyeux Noël.
In Griechenland sagt man: Haroumena Hristougena,
in Italien: Buon Natale,
in Kroatien: Sretan Bozig,
in den Niederlanden: Gelukkig Kerstfeest.
Norwegen und Schweden rufen einstimmig: God Jul,
Polen: Wesolych Swiat,
und Portugal fügt: Feliz Natal hinzu.
Rumänien wünscht Glück mit: Sarbatori Fericite,
Russland mit: Rozhdestwom Kristovym,
Spanien mit: Feliz Navidad
und Katalonien mit: Feliz Nadal.
In Tschechien heißt es: Vesele Vanoce,
in der Ukraine: Christos Rodywsja,
und in Ungarn: Kellemes Karacsonyt.

Jetzt ist Julklapp!

Julklapp ist wohl die lustigste Form,
in der ein Geschenk zu dem gelangt,
dem es zugedacht ist.
Gewöhnlich beginnt alles mit einem
großen Paket, auf dem ein Name steht.
Aber das ist erst der Anfang ...

Julklapp stammt ursprünglich aus Schweden und wurde dann über Vorpommern-Rügen nach Norddeutschland getragen. Er eignet sich für alle Kreise, bei denen viele Teilnehmer zu beschenken sind, z. B. Vereine, größere Freundes- oder Verwandtengruppen. Ich stelle Ihnen sechs verschiedene Formen des Julklapps vor – wählen Sie aus, welche Ihnen am besten gefällt.

1. Jeder Teilnehmer zieht schon vorher einen Zettel mit dem Namen eines anderen Teilnehmers, den er beim Julklapp beschenken soll. So kann er sein Geschenk ganz auf die Person abstimmen. Bei der Wahl bzw. dem Kauf eines Geschenkes vereinbart man vorher eine Preisgrenze.
Bei der Feier werden die Päckchen in einen Sack getan. Auf jedem steht fein säuberlich der Name dessen, der es kriegen soll. Der Spielleiter holt die Päckchen einzeln aus dem Sack, liest die Namen vor und verteilt die Päckchen. Besonders originell ist, wenn auf jedem Päckchen ein Vers steht. Der Empfänger muss den Vers vorlesen, bevor er öffnet. Der Wortlaut der Verse sollte aber so sein, dass niemand beleidigt ist! Hier einige Beispiele:

Eines musst du uns versprechen,
Du darfst nicht mehr so viele Herzen brechen.
Es wäre doch wirklich schade.
Nimm lieber dieses Herz hier aus Schokolade.

Mit diesem Päckchen möchte ich dich überraschen.
Du wirst es kaum erraten.
Denk dir, es ist etwas zum Naschen!

Ich hab gehört, du kannst schlecht sehn?
Mit dieser großen Lupe
wirds sicher besser gehn.

Weil du so zerstreut schon bist
und so oft etwas vergisst,
kannst du dir gleich zum Telefonieren
hier die Nummern genau notieren.

Ich weiß, du spielst gern Karten.
Mit diesen hier kannst du gleich
ein Glücksspiel starten.

Ein Auto muss man pflegen und polieren.
Bei diesem kleinen Flitzer
kannst du's erst mal probieren!

Mit einem Taschentuch kann man die Nase putzen.
Oder es zum Reinigen der Brille benutzen.
Ist man vergesslich in manchen Sachen,
kann man auch einen Knoten drin machen.

Ich weiß, du isst so gerne Gebäck.
Tu es in diese Schale aus Porzellan.
Sie gehört zu einem edlen Gedeck.
Ist sie nicht schön? Schau sie dir an!

Man sagt, du bist vom Hals bis zum Scheitel
besonders reinlich und eitel.
Benutze diese Pflege für den ganzen Tag.
Dann bist du überall gefragt.

Du schreibst so gern mal »IHM«,
du schreibst so gern mal »IHR«.
Drum schenk ich dir dieses Briefpapier!

2. Jedes Päckchen trägt außer dem Namen des Empfängers einen
Zettel mit Aufgaben. Die müssen gelöst werden – von dem
Empfänger allein oder von der ganzen Festgesellschaft –,
bevor das Päckchen aufgemacht werden darf. Hier einige
Verse und Aufgaben:

Das Geschenk gehört dir noch nicht ganz,
wir erwarten von dir einen Tanz!

Du bist sicher gespannt, was drinnen ist.
Du erfährt es, sobald du deinen Nachbarn küsst.

Das Päckchen ist zwar klein,
aber etwas Edles wird drinnen sein.
Dafür musst du um den Tisch herum laufen.
Darfst dich dann auch wieder verschnaufen.

Schau dir an, was ich hier habe:
Sicher eine kostbare Gabe.
Dafür musst du erst wagen,
ein Gedicht uns aufzusagen.

In diesem Päckchen steckt viel Sinn,
doch auch ein bisschen Liebe drin.
Ich weiß, du hast sehr viel Humor,
drum trage erst einen Witz hier vor.

Lass dich nicht aus der Ruhe bringen:
Als Dank musst du erst noch trommeln und singen!

3. Eine Variation der vorigen Julklapp-Form macht es von der Lösung der Aufgaben ab, wer am Ende das Päckchen bekommt. Es kann z. B. gefordert werden, dass alle würfeln und der das Paket öffnen darf, der die höchste Zahl gewürfelt hat.

4. Eine andere Form des Julklapp führt die Festgesellschaft durch das ganze Haus. Hier gibt es nur ein Geschenk – für einen Ehrengast, einen Jubilar oder für ein neues Familienmitglied, z. B. eine junge Schwiegertochter. Alles beginnt mit einem riesengroßen Paket, das traditionellerweise von außen mit dem Ruf »Julklapp« ins Haus oder auf die Diele geworfen wird. Außen steht ein Empfängername, verbunden mit einer Aufgabe, s. S. 115. Sobald der Empfänger das Paket öffnet, zeigt sich: Darin steckt ein kleineres Paket mit einem anderen Namen sowie ein Zettel mit einer weiteren Aufgabe. Und so weiter … Das Paket geht, immer kleiner werdend, von Hand zu Hand, bis es endlich den erreicht, für den es bestimmt ist. Wer zerbrechliche Dinge verschenken will, sollte sich vor dieser Form des Julklapps hüten!

5. Auch hier geht es um ein einziges Geschenk. Es liegt irgendwo versteckt und wartet auf seinen Eigentümer. Die Suche ist Angelegenheit der ganzen Festgesellschaft und macht großen Spaß. Wie bei einer Schnitzeljagd werden alle Teilnehmer durch Zettel herum-, lange in die Irre und zuletzt ans Ziel geführt. Alles beginnt mit einem harmlos aussehenden Päckchen, das den Namen des Empfängers zeigt, aber kein Geschenk enthält, sondern – mitunter in einer Unmenge Papier und Holzwolle – einen Zettel, z. B. »Suche an Pussis Lieblingsort«. Dort wird man weitergeschickt, dahin, »wo Heinz seine Briefmarken hortet«, und landet zuletzt vielleicht

»hinter den Ersatz-Küchenrollen«. Jede Station kann die letzte sein, an jeder kann das Päckchen liegen!

Ganz gemein ist es, wenn die Orte nicht direkt, sondern durch Liedtexte bezeichnet werden. »Wo alle Brünnlein fließen« ist das Badezimmer, das versteht noch jeder. Aber soll man bei »Das Wandern ist des Müllers Lust« zum Schuhschrank mit den Wanderschuhen laufen oder in die Küche zu der Mehltüte? Hier ist detektivischer Scharfsinn gefragt!

6. Diese Julklapp-Spielart beginnt wie unsere erste Version: Jeder Teilnehmer bringt ein verpacktes Geschenk mit. Aber er hat auf die Verpackung keinen Empfängernamen geschrieben, sondern nur einen Zettel mit einem Vers geklebt, der auf das Geschenk hinweist. Der Sack mit allen Päckchen wird auf einem Tisch ausgeschüttet.

Erste Runde: Jetzt tritt ein Würfel in Aktion. Wer eine Sechs würfelt, darf sich ein Päckchen nehmen und den Vers vorlesen. Alle raten, was es sein könnte. Dann erst darf er das Päckchen aufmachen. Das gibt ein Gelächter!

Zweite Runde: Jeder hat nun ein oder mehrere Päckchen vor sich liegen. Wieder macht der Becher die Runde. Wer eine Drei würfelt, muss sein Geschenk mit einem Mitspieler tauschen.

Julklapp bringt Abwechslung und Freud
während der schönen Weihnachtszeit!

Schon ab dem ersten Advent geht es los,
da können alle, ob klein, ob groß,
die Zeit kaum erwarten, bis der Weihnachtsmann
kommt mit seinem Schlitten an.

Festliche Weihnachtstage

Als alle so saßen beim Kerzenschein,
fiel der Oma noch eine Geschichte ein.
Die Kinder wollten sie gern hören
und ließen sich dabei nicht stören.

Der Bäckerengel

Im Sommer hatte er viel freie Zeit. Tagelang schwebte er im Blauen und starrte nach unten. Ihm gefiel die Erde, die er nicht kannte, weil er ein Engel war.

An einem Wintertag passte er nicht auf. Der Sturm fegte ihn von einer Wolke, und ehe er seine goldenen Flügel ausbreiten konnte, waren sie ihm abgerissen. Er stürzte durch Regen und Schneetreiben ab, in ein Tannendickicht, und dort blieb er betäubt liegen.

Als er erwachte, fror er in seinem Engelshemd. Er spürte kalte, harte Steine unter seinen Sohlen, splittriges Eis zerschnitt die zarte Haut, er setzte vorsichtig einen Fuß vor den anderen, musste um sein Gleichgewicht kämpfen, stürzte immer wieder auf die grobe Erde, empfand zum ersten Mal Schmerzen, konnte aber nicht weinen, weil er noch keine Tränen hatte. Er schob sich aus dem Tannendickicht, und sein dünnes Hemd zerriss. Er schaute nach oben, aber die Schneeflocken wirbelten so dicht, dass er keinen Himmel sah. Er hob die Arme. Er stieß sich mit den Füßen ab, reckte sich in die Höhe, aber nichts geschah, kein leichtes, rauschendes Gefühl des Schwebens. So ging er den Waldweg weiter, zwischen verschneiten Stoppelfeldern hindurch, bis er die Dächer eines Dorfes sah.

Er spürte die Wärme zwischen den Mauern und lief schneller über den weichen, glatten Schnee.
Hinter der ersten Scheune bauten Kinder einen Schneemann. Als sie den Engel in seinem zerfetzten Hemd sahen, starrten sie ihn zuerst schweigend an, dann lachten sie und

verspotteten ihn. Er verstand aber nicht, was sie schrien. Sie warfen mit Schneebällen nach ihm, und er floh. Die Kinder rannten hinter ihm her und schrien noch lauter.

Er lief um die Scheune herum, wieder aus dem Dorf hinaus, doch vor dem letzten Haus strauchelte er, und die Kinder holten ihn ein und stießen ihn zu Boden. Da ging die Tür auf, und eine Frau trat heraus, um nachzusehen, was das für ein Lärm wäre.

Als sie den Engel im Schnee sah, scheuchte sie die Kinder davon und hob den Engel auf. Ihr war im Sommer ein Sohn gestorben, der nicht viel größer gewesen war, und sie gab dem Engel seine Kleider, zeigte ihm seine Kammer und sein Bett und kochte ihm Suppe.

Ihrem Mann gefiel das fremde Kind auch, und so blieb der Engel bei ihnen. Er lernte Wort für Wort ihre Sprache, und dann befreundete er sich auch mit den anderen Kindern; er sagte jedoch nie, woher er gekommen war. So verging der Winter, und der Engel sah den Schnee schmelzen, hörte den Regen auf die Schollen prasseln, ging hinter dem Mann aufs Feld und führte das Pferd beim Säen und beim Eggen. Er half der Frau im Garten Zwiebeln setzen, sah die Blumen aus der Erde wachsen, zupfte das Unkraut, und wenn mittags und zur Vesperzeit die Glocke läutete, wenn er sich sonntags zwischen den Mann und die Frau auf die Kirchenbank setzte, erfüllte ihn eine unbestimmte Erwartung. Aber nichts geschah.

Er hörte die Sommergewitter grollen, sprang mit den anderen Kindern über das Johannisfeuer, schüttelte mit ihnen Pflaumen und pflückte im Wald Beeren und Haselnüsse. Wenn er zu der Stelle im Tannendickicht kam, blieb er stehen und schaute empor. Er sah blauen Himmel, er sah Regenwolken, er sah einmal eine blasse Mondscheibe, und wenn er ein Mensch gewesen wäre, hätte er vor Sehnsucht geweint.

Dann wurden die Tage kürzer, morgens hing ein Dunst über den Wiesen, und der Mann und der Engel pflückten die letzten Birnen und Äpfel. Die dicksten legte die Frau in die Ofenröhre, und wenn sie das heiße, weiche, süße Fleisch gegessen hatten, zog die Frau den Engel auf den Schoß und erzählte mit leiser Stimme: Es war einmal ...
Der Engel lauschte den Geschichten, aber er fragte niemals: Was ist ein Riese? Was ist ein Zwerg?
Er saß gern auf dem Schoß der Frau, schaute gern in die rote Glut und hörte gern die leise, sanfte Stimme.
Als es kühler wurde, als alles Laub von den Bäumen gefallen war, begann er zu backen, wie er zu dieser Jahreszeit gewohnt war. Die Frau erlaubte es ihm, weil sie ihm die Freude lassen wollte. Sie schaute seinen kleinen Händen zu, die vor Eile und Eifer silbern glänzten und sonderbar leicht mit dem Teig verfuhren.
Sie half ihm, die ersten Lebkuchen auf ein Blech zu legen, und als sie gebacken waren, kostete sie ohne große Erwartung davon. Doch das Gebäck zerschmolz ihr im Munde, und es schmeckte besser als alles, was sie je in ihrem Leben gegessen hatte. So backte der Engel bald voller Vergnügen für die ganze Nachbarschaft und für alle seine Freunde.

In einer Winternacht pochte es an die Tür, und als die Frau öffnete, trat ein weißbärtiger Mann ein. Er sagte, er habe den Weg verloren, und die Frau hielt ihn für einen Reisenden und bot ihm einen Platz am Ofen an.

Der Engel jedoch, der durch den Spalt der Küchentür lugte, erkannte, wer es war: Knecht Ruprecht.

Der Knecht trank heißen Pfefferminztee und biss in ein Stück vom Engelsgebäck. Erstaunt blickte er auf und fragte: »Woher hast du den Kuchen?«

»Mein Junge hat ihn gemacht«, erwiderte die Frau und zog den Engel in die Küche. Er blieb stumm vor dem Knecht stehen und wagte nicht aufzublicken. Der Knecht schaute ihm ins Gesicht und sagte dann: »Du bist der Bäckerengel, den ich suchen soll.«

»Ja«, antwortete der Engel, »nimmst du mich mit?« Der Knecht nickte, doch da warf sich der Engel der Frau an den Hals und brach in Tränen aus.

»Ich war so gern bei dir«, schluchzte er. Sie verstand nicht, was geschehen war, und der Knecht berichtete, wen sie ein Jahr lang als einen Sohn beherbergt hatte.

Da küsste sie den Engel und sagte: »Freu dich, mein Kind, dass du heimkehren kannst. Ich bleibe ja nicht allein zurück, und wir behalten dich lieb und werden unser Lebtag an dich denken.«

Er schaute den Mann an, und als auch er nickte, bedankte sich der Engel bei den beiden, ergriff Knecht Ruprechts Hand und trat mit ihm aus dem Hause. Als sie ein paar Schritte gegangen waren, brach ein Licht wie ein Weg aus der Nacht, und sie betraten diese Straße und gingen zurück in den Himmel.

Wir danken der Autorin für die Abdruckgenehmigung.

Sybil Gräfin Schönfeldt

Zum Ausklang des Weihnachtsfestes

Nun klingen aus die schönen Weihnachtstage.
Das neue Jahr tritt ein!
Für jeden stellt sich dann die Frage,
ob es wohl im nächsten Jahr wird wieder so sein?
War es nicht gut, so möchten wir wissen, woran es gelegen hat.
Nur nicht verzweifeln, auch dafür gibt's einen guten Rat.

Das, was zum Besseren führt, musst du riskieren
Und darfst auf keinen Fall den Mut verlieren.
Du möchtest dich doch schon auf das nächste Fest freu'n!
Bestimmt wird es noch schöner sein!

Vom Glück

Will das Glück nach seinem Sinn
dir was Gutes schenken,
sage Dank und nimm es hin
ohne viel Bedenken.

Wilhelm Busch

Sei zufrieden,

dass du zwei Augen hast, um zu sehen,
dass du zwei Füße hast, um zu gehen,
dass du einen Mund hast, um zu pfeifen,
dass du zwei Hände hast, um zu greifen,
dass du gute Ohren hast, um zu verstehn,
dass dir keine schlechten Worte entgehn,
dass du ein Dach hast über dem Kopf,
dass du zu essen hast im Topf.

Drum sei dankbar für ein erfülltes Leben
sei dankbar für das, was Menschen dir geben
sei dankbar, für ein Leben ohne Not
sei dankbar für das tägliche Brot
sei zufrieden für jede schöne Stund.

Dann hast du zum Klagen keinen Grund.

Oma erzählt aus vergangener Zeit

Was ich euch jetzt erzähl, das ist kein Märchen.
Nein, es ist wahr!
Vergangen sind schon viele Jährchen.
Als ich ein Kind noch war –
Weihnachten war für uns das größte Fest – und noch mehr.
Mir ist oft so, als wenns erst heute wär.

Allein die Weihnachtstage, wie waren sie schön.
Wenn ich mich heute frage, kann ich wohl sehn,
wie schwer es für die Eltern war.
Das Geld war knapp – Erspartes kaum da!
Auch wir bekamen unser Geschenk.
Oft war es ziemlich klein!
In meinem Album, da stand: »Gedenk,
die Größe der Gaben ist oft nur Schein.«

Nun, die Zeiten haben sich geändert.
Ich frage mich ganz allgemein,
da manches Blatt sich so gewendet:
Müssen Geschenke so teuer sein?
»Bescheidenheit ist eine Zier«,
so hieß es vor vielen Jahren.
Der Satz: »doch weiter kommt man ohne ihr«
birgt leider auch viele Gefahren.
Und, sind wir doch alle mal ehrlich:
Der Größenwahn ist leider auch gefährlich.

Drum ist es besser – und man achtet dich mehr! –,
wenn du bescheiden bleibst
und nicht nur rumprotzt und übertreibst.
Denn damit machst du selbst das Leben nur schwer.

Alles ist anders – heute ist heut,
und ich freue mich, wenn ihr euch freut.
Nur eines bedenkt, es stimmt allezeit:
Das Glück liegt oft in 'ner Kleinigkeit.

Wer vorwärts eilt
und keinen Augenblick verweilt,
wer voller Unrast immer weiter strebt,
der hat sein Leben falsch gelebt.

Waldgeschichte

Der Förster stapfte durch seinen Wald,
es war auch grad noch so bitter kalt.
Er musste wie stets den Kontrollgang machen
und dabei überprüfen so mancherlei Sachen.

Und als er so ging von Baum zu Baum,
standen plötzlich vor ihm – ihr glaubt es kaum –
fünf Zwerge mit roter Zipfelmütz – winzig klein.

Er glaubte zu träumen. Wie kann das nur sein?
Sind das nicht Zwerge aus Märchenland?
Ich erinnere mich – ich hab sie gleich erkannt.
Total überrascht blieb der Förster stehn.
So kleine Zwerge hatt er noch nie gesehn!

»Hallo, ihr Kleinen, wo kommt ihr denn her?
Ich muss schon sagen, ich wundre mich sehr!
Im Märchen seid ihr doch sonst immer sieben?
Wo sind denn die beiden andren geblieben?
Habt ihr sie verloren im großen Wald?
Oder sind sie gar für die Arbeit zu alt?«

Der größte Zwerg nur mit der Schulter zuckt
und dabei auch ganz traurig guckt.
»O je«, spricht er, »es ist 'ne verrückte Zeit!
Auch wir finden einfach keine Leut, keine Leut!«

Und wie die Zwerge noch träumen von der Vergangenheit,
geht der Förster gedankenvoll weiter.
»Ich habs doch gewusst! Ich bin doch gescheit!
Es gibt also doch noch Zwerge!«

Und dabei lächelt er heiter.

Spruch

Das Leben ist so schön!
Man muss es nur verstehn.
Zeig mehr Frohsinn und Humor
Dann kommt das Leben dir leichter vor
Nichts Schöneres gibts doch im Leben,
als sich gegenseitig Freude zu geben!

Bescherung nach Heiligabend

Endlich war Heiligabend da!
Für alle der schönste Tag im Jahr.
Herrlicher Tannenduft zog durch den Raum.
Viele bunte Päckchen lagen unterm Baum.

Die Kinder konntens nicht erwarten.
Die Spannung war groß – sie wollten nicht warten!
Und gings dann mit der Bescherung los,
wurden die strahlenden Kinderaugen groß.

Jeder holte sein Päckchen ganz geschwind.
Der Name stand drauf – für jedes Kind.
Und dann wurde ausgepackt, jeder wollt wissen,
was drinnen war. Schnell Papier aufgerissen,
nun hörte man nur noch: »O schau doch mal an,
was mir hat gebracht der Weihnachtsmann!«

Wenn sie auch sonst nicht mehr an ihn glauben –
jetzt ließen sie sich den Glauben nicht rauben!
Die Mutti hat ihm ja 'nen Brief zugesteckt.
Nun wusst' er Bescheid, der Weihnachtsmann.
Im Sack bracht er alles vom Wunschzettel an.

Nur Claus hat sein Wunschpaket nicht entdeckt.
Er wurde ganz traurig, man kann es verstehen.
Seine Tränen konnten richtig zu Herzen gehen.

Doch plötzlich strahlt Claus, ihm kam in den Sinn,
da war noch ein Päckchen im Rucksack drin.
Der Weihnachtsmann hats vergessen, es ist so klitzeklein!
Könnte da nicht die Armbanduhr drinnen sein,
die Claus sich gewünscht? Und so wars geschehn:
Der Weihnachtsmann hatte das Päckchen – doch glatt
    übersehn!

Drauf bat der Claus ganz aufgeregt den Nikolaus:
»Bitte, schütte den Sack noch mal richtig aus!«
Und tatsächlich fiel ein kleines Päckchen raus.
Da konnte man nur noch seine leuchtenden Augen sehn.
Nun wurde das Weihnachtsfest erst richtig schön!

Es kommt nicht darauf an, glücklich zu sein, sondern auch
darauf, andere glücklich zu machen.

Das Leben schenkt uns mehr Jahre, wenn auch wir den Jahren
Leben geben.

Das Leben schwer nehmen ist leicht, das Leben leicht nehmen
ist schwer.

Mit weniger besser leben – das ist Lebenskunst.

Zu leben und zu schaffen mit dem, was da ist, ist sicher die
vernünftigste Art zu leben.

Böses lässt sich leicht verrichten,
aber nicht leicht, wieder zu schlichten.

Es kommt nicht darauf an, wie alt wir werden, sondern *wie*
wir alt werden.

Allzeit fröhlich ist gefährlich.
Allzeit traurig ist beschwerlich.
Allzeit glücklich ist betrüblich.
Eins ums andre ist vergnüglich.

Heiteres zwischen den Jahren

Doch nun, ihr Lieben, sperrt die Ohren auf!
Ich hab noch ein paar lustige Sprüche drauf!
Eigentlich sind sie für jedermann.
Ich hoffe, ihr habt euren Spaß daran,
doch nur wem der Schuh passt, der ziehe ihn an!

Eine schöne Bescherung!

Am ersten Feiertag ist Tante Betty unser Gast.
Sie ist immer lustig – mit ihr haben wir Spaß!
Sie kommt jedes Jahr, und wir mögen sie!

Heut lag sie noch im Bett, denn es war noch früh.
Bevor Tante Betty aufgeweckt,
hat Mama den Frühstückstisch schnell gedeckt.
Ich dachte: Was ist hier nur los?
Wie deckt sie denn so kurios?
Drei Frühstückskörbchen standen auf dem Tisch,
darin viele Brötchen, knusprig und frisch.
Ich wunderte mich, weil ich drei Körbchen sah,
und fragte natürlich meine Mama.

Sie sagte nur: »Das muss so sein.
Wills dir denn in den Kopf nicht rein?
Tante Betty hat doch im vorigen Jahr
ein hübsches Brotkörbchen geschenkt.
Und ich weiß nicht mehr, welches es war!
Was mach ich – sie ist doch so leicht gekränkt!
Da kam mir schließlich in den Sinn:
Ich stelle heut all meine Körbchen hin.
So mach ich auf keinen Fall was verkehrt.
Hier stehen die Körbchen: eins – zwei – drei.
Wichtig ist nur, auch das ist dabei,
das Tante Betty uns früher verehrt.«

Ich rief: »Ach Mama, wie Recht du hast.
So soll man sie ehren, den Lieblingsgast!«

Glücklich ist,
wer vergisst,
was noch zu bezahlen ist!

Wer sein Geld verjubelt vor dem End,
der macht das beste Testament!

Neue Besen kehren gut,
aber die alten wissen, wo der Dreck liegt.

Wer über sich selbst lachen kann,
wird eher ernst genommen.

Bescheidenheit ist eine Zier,
doch kein Finanzamt glaubt sie dir.

Wer zuletzt lacht, hat es nicht eher kapiert!

Der Mensch hat zwei Arme für die Arbeit,
aber auch zwei Beine, um sie zu umgehen.

Grüße jeden Dummen,
– er könnte dein Vorgesetzter sein.

Der Klügere gibt nach,
solange er der Dümmere ist.

Lächeln ist das beste Mittel,
seine Zähne zu zeigen.

Vater oder Mutter spricht

Hallo, liebe Kids, seid ihr zufrieden,
mit dem, was ihr vom Weihnachtsmann bekommen?
Ich denke, die Freude war groß.
Und was habt ihr euch jetzt vorgenommen?
Ihr wisst doch, der Weihnachtsmann hat sich bei den Eltern
    informiert,
ob ihr immer fleißig und artig seid,
und – er hat sich alles genau notiert!
Damit ich dem Weihnachtsmann Bescheid kann sagen,
beantwortet ehrlich mir einige Fragen.

Werdet ihr in Zukunft gründlich Hals und Ohren euch
    waschen?
Natürlich morgens und abends die Zähne putzen?
Und nicht mehr so viel heimlich naschen?
Auf keinen Fall Möbel und Wände beschmutzen?
Und immer auf saubere Fingernägel achten?
Niemals auf Fingernägeln kauen?
Gewissenhaft eure Schularbeiten machen?
Kleine und schwächere Kinder niemals verhauen?
Werdet ihr auf gar keinen Fall heimlich rauchen,
oder euch gar zu Drogen überreden lassen?
Es gehört sich auch nicht, heimlich an Türen zu lauschen.
Wichtig ist: Die Eltern können sich immer auf euch verlassen!

Das Kinder mal frech und vorlaut sind,
werden Eltern sicher mal übersehn.
Auch eine Notlüge verzeiht man einem Kind.
Wichtig ist nur, dass Kinder sich mit den Eltern verstehn.

Nun, ihr Lieben, was ist? Wenn der Weihnachtsmann mich
    sollte fragen:
Werdet ihr so brav wie möglich immer sein?
Ich denke, das werdet ihr! Drum kann ich ihm sagen,
dass wir alle uns schon jetzt auf das nächste Weihnachtsfest
    freun.

Jeder sollte brav sein, so lang er lebt,
doch kein Schaf sein, wenn der Wind günstig steht.

Nichts tun ist besser,
als mit Mühe nichts zu erreichen.

Das Erste, was man bei einer Abmagerungskur verliert,
ist die gute Laune.

Der Mensch soll nicht gesünder leben,
als ihm gut tut.

Klein-Peter schrieb einen Brief an den lieben Gott

Lieber Gott,

ich möchte meiner Mutter einen Mantel kaufen.
Kannst Du mir nicht dazu 300 Euro schenken?«

Die Post kannte die Anschrift natürlich nicht
und hat den Brief dem Finanzamt zugestellt.
Denn dafür hatte selbst die Post kein Geld!

Als der kleine Peter war noch voller Zuversicht,
kam ein Brief! Traurig wurde sein Gesicht,
weil das Finanzamt 100 Euro überwies.
Die Enttäuschung war groß! Das fand er total fies!

Drauf schrieb er an den lieben Gott zurück:
»Warum hast Du das Geld über das Finanzamt geschickt?
Das war nicht klug! Dadurch hat es nicht geklappt.
Denn das Finanzamt zieht doch immer gleich 200 Euro ab!«

Wenn Männer schenken

Ein Mann hatt es satt herumzulaufen,
um seiner Frau ein Geschenk zu kaufen.
Flugs blieb er vor einem Schaufenster stehen.
Er hatte dort einen Fußball gesehen!
Den schenk ich ihr, dachte er. Nun fragt ihr: Warum?
Kann sein, sie nimmt es gewaltig krumm?
Ach, dachte er, 's ist ganz gleich, was ich schenke:
Sie tauscht ja doch immer alles um.

Wenn Frauen sich was wünschen

»Ach Liebling«, sprach die Frau zu ihrem Mann
und schmiegte sich sehr zärtlich an ihn dran.
»Willst du mir zum Fest einen Pelzmantel schenken?
Und – vielleicht noch eine Reise dazu?
Dabei sollten wir jedoch bedenken,
dass die Pelze in Schweden viel billiger sind.
Überleg es dir bitte in aller Ruh.
Klug wäre, wer beides miteinander verbind't.«
Er küsste sie und stimmte geschlagen zu.
Hallo, ihr Männer, stimmt bitte mit ein:
So raffiniert können doch Frauen nur sein!

Der Vorteil der Klugheit liegt darin, dass man sich dumm
stellen kann. Umgekehrt ist es schwieriger.
Kurt Tucholsky

Je mehr Zähne der Mann verliert,
desto bissiger wird er!

Jahrelang muss man seine Zähne putzen,
und dann darf man sie nicht benutzen.

Bemüh dich nur und sei hübsch froh –
der Ärger, der kommt sowieso.

Trage alles – auch den Ärger – mit Humor!

Keine Kunst ists, alt zu werden, aber es zu ertragen.
Johann Wolfgang von Goethe

Erfolg hat im Leben und Streben der Welt,
wer Ruhe, Humor und die Nerven behält!

Es hat mich früher aufgeregt,
wenn etwas mal nicht klappte.
Das hat sich gottseidank gelegt,
bevor ich überschnappte.

Keiner ist unnütz. Er kann immer noch als schlechtes Beispiel
dienen.

Benehmen ist Glückssache,
aber ich habe leider nie Glück!

Wo man lacht, da trägt das Leben Zinsen.
Böse Menschen lachen nicht.
Böse Menschen grinsen.

Das Leben ist oft teuer.
Wir müssen es eingestehn.
Wir könnten es billiger haben,
dann wärs aber nicht mehr schön!

Geld stinkt nicht, aber man darf es nicht so lange
liegen lassen.

Das Fest, an dem alles schief ging

Nun habe ich ja schon viele Weihnachten erlebt. Aber eins war was Besonderes.
Es war nämlich das Fest, an dem alles schief ging.
Es fing schon im Dezember an. Wir kauften eine Eisenbahn für unseren Sohn.
Zu Hause merkten wir, dass man uns ein falsches Modell eingepackt hatte. Wir
gleich zurück – aber Umtauschen ging nicht mehr, sie hatten das Ding nicht mehr
auf Lager. Also schrieben wir dem Jungen einen Gutschein. Das war natürlich ein
schwacher Ersatz für die Eisenbahn.
Wir konnten gleich beim Schreiben bleiben, denn auch die Bluse für unsere Oma
war nicht da und die CD für unsere Tochter und der Reiseführer für Onkel
Hermann. Es kam eins nach dem anderen, vielmehr: es kam eben nicht. Alles war
irgendwie nicht lieferbar.

Als wir dann am 24. den Baum schmücken und den Gabentisch aufbauen wollten,
lagen nur lauter Gutscheine auf dem Tisch. Es war kläglich. Nur die Decke, die die
Oma uns gestickt hatte, die war fertig geworden. Und die bunten Teller mit den
Süßigkeiten, die konnten wir hinstellen. Aber sonst – nichts als Zettel.
Über der Aufregung mit den Geschenken hatten wir gar nicht gemerkt, dass unsere
Weihnachtsgans auch nicht war. Sie wurde sonst immer vom Bauern Meier
persönlich am 23. ins Haus gebracht. Jetzt aber schnell ans Telefon – es war ja
schon der 24. Was mussten wir hören? Bauer Meier machte Ferien in der Karibik.
Darüber hatte er uns wohl ganz vergessen. Wo sollten wir nun am 24. Dezember
noch ein Festessen herkriegen? Alles war geschlossen. Da suchte ich dann in unseren
Vorräten herum und machte Dosen auf!
Es wurde dann aber doch noch ganz gemütlich. Wir saßen zusammen unter dem
Baum, die Kerzen brannten, und wir lasen uns gegenseitig die Gutscheine vor.
Damit waren wir schnell fertig. Jeder schaute auf den leeren Gabentisch und stellte
sich seine Geschenke vor, die da hätten liegen sollen. Dann kam ich mit meinem
Festessen. Nun ja. Was soll ich sagen? Es war natürlich echt kreativ, was ich da
zusammengestellt hatte, und einigen hat es sogar geschmeckt. Jedenfalls sagten sie

das. Nachher brachten wir das Geschirr in die Küche und gaben ein bisschen Wasser in die Töpfe, damit wir sie mit gutem Gewissen bis morgen stehenlassen und noch ein bisschen unterm Baum sitzen konnten.

Als wir dann ins Zimmer zurückkamen, war es schon passiert: Der Baum stand in Flammen. Es ging rasend schnell, wir sahen gerade noch, wie die Flamme an einer Seite hochzüngelte und sich dann unseren Gardinen zuwandte. Alles schrie durcheinander. Natürlich war dies das einzige Jahr, wo wir keinen Eimer Sand neben dem Baum hatten. Unser Vater wurde zum Helden. Er rief: »Alle zurück da!«, sprang zum Baum, ergriff eine Decke und schlug mit ihr die Flammen aus. Es sah toll aus, wie er als dunkle Silhouette vor dem brennenden Baum hantierte. Fast wie Rambo. Wir Frauen zogen die Gardinen weg, denen ist nichts passiert. Und unsere Kinder waren in die Küche gerannt, um die Kochtöpfe zu holen, und kippten sie über dem Tannenbaum aus. So schnell, wie es angefangen hatte, war alles vorbei.

Und dann sahen wir die Bescherung. Wir schnauften noch, und vor uns tropfte das Wasser von dem rauchenden Tannenbaum – direkt in unsere bunten Teller. Darin war nichts mehr, was man genießen konnte, nur ein paar Nüsse konnten wir noch herausfischen.
Jetzt guckten wir auch die Decke genauer an, mit der unser Vater die Flammen ausgeschlagen hatte. Er hatte sie noch in der Hand: ein geschwärzter Lappen voller Brandlöcher. Aber das war doch … Natürlich! Es war die Decke, die unsere Oma mit so viel Mühe gestickt hatte. Die war nicht mehr zu reparieren. Und sie war doch das einzige Geschenk, das da gelegen hatte!

Ja, das war unser Weihnachtsfest ohne Geschenke und ohne Festmahl und ohne Tannenbaum. Und wissen Sie was? Wir haben damals herzlich gelacht. Wir standen da, alle ganz zerrauft und atemlos, unser Vater mit rußgeschwärzten Händen, und schütteten uns nur so aus vor Lachen. Sogar unsere Oma konnte gar nicht mehr aufhören zu kichern. Und ob Sie das nun verstehen oder nicht: Wir möchten die Erinnerung an dieses Weihnachtsfest, wo alles schiefging, nicht missen.

Zwei Freunde saßen nach Weihnachten
zusammen beim Gläschen Wein
und sprachen noch einmal über das Fest.
Da fielen ihnen auch die Geschenke ein.
»Ich hab meiner Frau eine Kette geschenkt«,
sagt der eine. – »Du, das ist ein Gag!«
meint der Freund, »das mach ich auch.
Denn meine Frau läuft mir auch immer weg!«

»Und du, du hast deiner Frau
eine Perlenkette geschenkt – eine echte!
Woher hast du denn soviel Geld?«
»Oh, nein«, lacht der Freund, »genau
ists ein Auto, was sie möchte.
Aber ich bin doch nicht blöd!
Mit den Perlen, das geht,
doch falsche Autos – gibts keine auf der ganzen Welt!«

Silvester

Lasst fröhlich das alte Jahr ausklingen!
Lasst uns herzlich lachen und singen.
Lasst uns auch mal ein Tänzchen wagen
und alles, was uns bedrückt, offen sagen.

Hoch im Kurs: Glücksbringer

Hand aufs Herz: Wer möchte nicht gern Glück haben?
Wenigstens im neuen Jahr! Wenn man da etwas nachhelfen
könnte … Es gibt doch einige Mittelchen und Hilfen, auf die
schon unsere Vorfahren gebaut haben: Schornsteinfeger,
Hufeisen, Fliegenpilze und und und. Ob sie wirklich helfen?

Schornsteinfeger … bringen Glück, denn ihre Arbeit ist mit dem häuslichen
Herd verbunden, und der ist eine Stätte des Glücks. (Lacht da
jemand höhnisch?) Speziell der Ruß galt als Abwehrmittel
gegen den bösen Blick, gegen Hexen und Teufel. Man sollte
den Kaminkehrer anfassen und ein wenig Ruß an den Fingern
behalten. Außerdem sorgt der Schornsteinfeger dafür, dass
auch weiterhin »der Kamin raucht«, d. h. immer ein Essen auf
dem Herd bereitet wird. Und das war früher gleichbedeutend
mit Wohlstand und Glück.

Glückspfennige … sind alte Symbole. »Wer den Pfennig nicht ehrt, ist des
Talers nicht wert«, sagt das Sprichwort. Speziell in der
Silvesternacht, so glaubte man, wird über den Wohlstand des
kommenden Jahres entschieden. Deshalb legte man sich
vielerorts Fischschuppen vom Silvesterkarpfen in die
Brieftasche, aß Gerichte und Kuchen mit vielen Rosinen oder
mit noch mehr schwarzen Mohnkörnern, löffelte eine
Erbsensuppe oder backte Bohnen in die Silvesterpastete.
All diese kleinen Dinge waren Symbole, wie auch der Glücks-
pfennig, den man sich in den Geldbeutel packte. Man dachte:
Wie aus den kleinen, unscheinbaren Samenkörnern die großen
Bäume wachsen, so würden gerade aus den allerkleinsten
Münzen bzw. den winzigen Symbolen die großen Vermögen.

Glaubst du an dein Glück?

Immer wieder suchen Menschen nach dem großen Glück,
richten voller Hoffnung stets auf Neujahr ihren Blick!

Jeder denkt: Hat dir das alte Jahr genug gegeben?
Oder könntest du im neuen Jahr noch viel schöner leben?

Träumst du auch, du findest mal ein hübsches Glückssymbol?
Manche sagen, dass es wirklich Glück uns bringen soll!

Kleeblatt, Schornsteinfeger oder auch ein kleines Schwein?
Selbst Marienkäfer könnten dabei sein!

Hufeisen bringen Glück noch heute – aber das ist schwer.
Denn wie einst so viele Pferde gibt es heut nicht mehr!

Wichtig ist jedoch nur eines: dass man überhaupt
an die Glücksverheißung dieser Dinge glaubt!

Omas Bitte: Vergesst die Vögel nicht!

Auf unserer Terrasse stand immer ein Vogelhaus.
An kalten Wintertagen flogen die Piepmätze ein und aus.
Alle, die nicht in den Süden konnten fliegen,
mussten doch auch im Winter zu fressen kriegen.
In dem Häuschen konnten sie die Kälte überleben.
Bei Wind und Wetter hat es ihnen Schutz gegeben.
Und schneite es dicke Flocken, flogen sie schnell in das kleine
    Haus,
schauten piepsend durch eine Ritze heraus.
Besonders wenn die Nächte wurden lang und kalt,
flohen sie aus dem dunklen Wald
schnell in das Häuschen – hier war es warm!
Fanden sie kein Fressen, schlugen sie Alarm.
Und ich sag euch, im Winter, da war hier was los!
Oft gabs Radau, wenn die Kleinen waren durstig.
Ja, das Treiben im Häuschen, das war immer lustig.
Drum bitte ich euch, lasst die kleinen Vögel im Winter nicht
    frieren,
damit wir im Frühling wieder hören ihr Singen und Jubilieren.
Noch eine Frage: Wie fändet ihr wohl einen Weihnachtsabend
    ohne Heizung und Licht?
Es wäre so dunkel und kalt! Drum – vergesst im Winter die
    Vögel nicht!

Lachen, lachen – zum letzten Mal in diesem Jahr!

»Papi, warum haben die Giraffen so lange Hälse?«
»Weiß ich nicht.«
»Und warum dreht sich die Erde?«
»Weiß ich auch nicht.«
»Papi, stört es dich, wenn ich dauernd frage?«
»Nein, frag nur, Kind. Sonst lernst du ja nichts!«

»Peter, weißt du schon, was du mal werden willst?«
»Klar. Lehrer!«
»Und warum?«
»Am Vormittag habe ich immer Recht, und am Nachmittag
    habe ich immer frei.«

»Die Geschenke, die bringt doch das Christkind, nicht?«,
    fragt der kleine Jonas.
»Ja«, sagt die Mutter.
»Und die Ostereier kommen vom Osterhasen?«
»Natürlich.«
»Ja. Dann erklär mir doch mal, wozu der Papa eigentlich da
    ist!«

»Oma, du hast wirklich wunderschöne Zähne.«
»Die habe ich von meiner Mutter geerbt.«
»Das finde ich toll, dass sie dir so gut passen …!«

»Junge, ich habe dir doch extra gesagt, du sollst aufpassen,
    wenn die Milch überkocht!«
»Habe ich doch«, meint Paul, »es war genau viertel nach elf.«

Zur Jahreswende

Die Jahre kommen, die Jahre gehn.
Nicht immer ist das Leben schön.
Jeder muss sein Schicksal tragen.
Niemand kann den Weg ihm sagen.

Der eine nimmt das Leben leicht,
schnell hat er sein Ziel erreicht.
Der andre hats im Leben schwer,
weiß oft nicht, wohin – woher.

Freu dich, wenn aus eigner Kraft
vieles du allein geschafft.
Sei dankbar, tu nur deine Pflicht.
Dann verlässt das Glück dich nicht!

Es wird bei dir bleiben im kommenden Jahr.
Vertrau deinem Glück – das macht Wunder wahr!

Alles Gute zum neuen Jahr!

Das neue Jahr beginnt – mach dich bereit!
Es kommt jetzt eine noch bessere Zeit!
Was auch wird, du musst ihr nur vertrauen
und immer voll Zuversicht in die Zukunft
schauen!

Wünsche an das neue Jahr

Wünsche gibts im Leben viele!
Kinder wünschen sich am meisten schöne Spiele.
Doch die Großen wünschen sich oft nur Geld,
als gäbs nichts Wichtigeres auf dieser Welt.
Kann man nicht auch mit wichtigeren Dingen
den Menschen Freude bringen?
Der größte Wunsch sollte aber sein
Gesundheit, Glück und Frieden.
Und – wünschen wir uns nicht alle,
dass die Menschen sich mehr lieben?
Eigentlich sind wir doch alle gleich.
Nur – der eine ist arm, der andere reich.
Und möchte einer unbedingt mehr als der andere sein,
sollten wir ihm einfach seinen Hochmut verzeihn!
Aber der größte Wunsch fürs neue Jahr und für alle Menschen
dieser Welt
ist Gesundheit, Glück und Frieden.
Und dass kein Leid uns möge betrüben.
Drum wünsche ich dir:
gute Gesundheit – weniger Leid
mehr Frieden – weniger Streit
viel Glück – weniger Pech
mehr Ruhe – weniger Stress
Gelassenheit – weniger Ärger
und bei all deinen Zielen – immer nur Erfolg!

Jahre vergehen

Melodie:
Weißt du, wie viel
Sternlein stehen

Weißt du, wie viel Sternlein stehen
an dem großen Himmelszelt?
Und wie schnell die Jahr' vergehen
mit dem Frieden dieser Welt?
Gott, der Herr, hat sie gezählet,
dass ihm auch nicht eines fehlet
an der ganzen, großen Zahl,
an der ganzen, großen Zahl.

Denkst du noch an all die Jahre,
an die Jahre voller Glück?
Drum im Herzen sie bewahre,
denn sie kommen nicht zurück!
Was das Schicksal dir wird geben,
was es dir hat zugedacht,
such das Schönste raus im Leben,
was dich wirklich glücklich macht.

Drum nimm hin, was dir beschieden,
und mach stets das Beste draus!
Sei bescheiden und zufrieden,
flieg nicht zu den Sternen rauf.
Nimm dein Schicksal in die Hände
– es kommt doch, wie es kommen muss.
Halt es fest, dass sichs nicht wende!
Dem neuen Jahr gilt unser Gruß!

Ein Hoch dem neuen Jahr!

Drum stoßt jetzt mit an auf das Neue Jahr!
Dass es besser noch werde, als das alte war.

Es sollten uns, möglichst zu allen Zeiten,
gute Gedanken durchs Leben begleiten.
Sie sind so einleuchtend und wunderbar!
Mögen sie dich begleiten durch das ganze Jahr!

Drum freut euch auf das Neue Jahr.
Schaut nicht mehr zurück, was einst geschah.
Ihr sollt an die schönen Stunden denken
und mögliche Sorgen einfach ertränken
in einem Gläschen Wein.
Und das, was man sich selber wünscht,
sollte auch der Wunsch für alle sein!

Drum stoßt jetzt mit an auf das Neue Jahr!
Möge es für alle wieder so gut werden,
wie das alte war!

Die Gaben des neuen Jahres

Das neue Jahr steht vor der Tür.
Lass es herein, es will zu dir.

Es will dir etwas bringen:
die Kraft, dass dir vieles möge gelingen.
Wir sollten alles dem neuen Jahr überlassen
und uns in Geduld stets fassen.

Du musst selbst entscheiden, was du willst
und wie du dir deine Wünsche erfüllst.
Setz deine Ziele nicht zu hoch!
Wie schnell fällt man in ein großes Loch!

Dann ist die Enttäuschung riesengroß.
Schließlich fällt der Erfolg nicht in den Schoß.
Glaub nur an das Gute! Gib dem Leben einen Sinn!
Denn da liegt die Kunst des Lebens drin!

Wer die Augen offen hält,
dem wird im Leben manches glücken.
Doch noch besser geht es dem,
der versteht, eins zuzudrücken.

Johann Wolfgang von Goethe

Meine Neujahrsbotschaft

Meine Worte sind so herzlich, da möcht ich Sie fragen:
Darf ich heute zu Ihnen einfach Du mal sagen?
Sicher bist du tolerant und hast nichts dagegen.
Das Du bringt doch mehr Vertrauen entgegen …
Ich möchte nämlich einige Tipps dir geben,
die seit langem geprägt hat mein eigenes Leben.

Mit ihnen wirst du dir Kraft holen können.
Vielleicht wirst du manches erst später erkennen:
Sie sind wertvoll fürs ganze Leben
und können dir viel Hilfe geben.

Hier meine Wünsche fürs nächste Jahr!
Möge es so schön werden, wie das letzte war!
Mögest du gesund durchs Leben schreiten.
Mögen positive Gedanken dich stets begleiten.
Mögest du verschont bleiben von Kummer und Leid,
ganz besonders von Streit und Neid.
Mögen gute Freunde dich immer umgeben,
mit denen du die Freizeit kannst verleben.
Mögest von Stress verschont du bleiben
Und immer Zeit finden, Sport zu treiben!

Und – sieh das Leben immer heiter!
Mit lustigen Versen gehts drum auch weiter.

Hast du oft mit dem Nachbarn Streit?
Lad ihn zum Drink ein, sag: »Es tut mir Leid!«

Bist du mit dem Geld einmal knapp,
denk an das Finanzamt – das zieht noch mehr ab!

Hast du Schulden, dann denke gegebenenfalls:
Die wachsen dir ja höchstens noch bis zum Hals.

Will dir vor Ärger der Kragen platzen,
lass dir davon nicht dein Leben verpatzen.

Passiert es oft, dass dein Auto bleibt stehn?
Denk dran: Es ist gesund, mal zu Fuß zu gehen!

Hast du mit der Liebe und sonstwie ein Problem?
Für alles gibts 'ne Lösung, man kann dran drehn!

Denk immer nur: Heute ist heut.
Machs gut! Und eine schöne Zeit!
Das wünscht dir
Dein/e …

Neujahrswünsche

Jeder wünscht sich langes Leben,
seine Kisten voller Geld,
Wiesen, Wälder, Äcker, Reben,
Klugheit, Schönheit, Ruhm der Welt,
doch wenn alles würde wahr,
was man wünscht zum neuen Jahr,
dann erst wär es um die Welt,
glaubt es, jämmerlich bestellt.

Lebten alle tausend Jahre,
was gewönnen wir dabei?
Kahle Köpfe, graue Haare
und das ew'ge Einerlei!
Im erschrecklichen Gedänge
ungeheurer Menschenmenge
würden Stadt und Dorf zu enge
und die ganze Welt zu klein.
Niemand könnte etwas erben,
denn es würde keiner sterben,
und wer möchte Doktor sein?

Wäre jedermann so reich,
wie wohl jeder wünscht zu werden:
Nun, dann würden wir auf Erden
uns, in Sorgen, alle gleich.
Da kein Mensch des andern Bürde
künftig auf sich laden würde,
müsste jeglicher allein
sein höchsteigner Diener sein:
selber sein Paar Strümpfe stricken,
möchte er nicht barfuß gehn,
selber Rock und Hose flicken,
möchte er nicht wie Adam stehn,
müsste kochen, braten, backen,
liebte er gesunde Kost.
Wäre er kein Freund vom Frost,
müsst er selber Holz sich hacken.

Ständen ohne alle Mängel
wir hienieden schon als Engel,
o wie wär es böse Zeit
für die liebe Geistlichkeit!
Wer denn könnte Pfarrer werden
in dem Himmel hier auf Erden,
wenn der Laie besser wäre
als die Predigt, die er hört?
Nur wo nötig ist die Lehre,
und sonst nirgends hat sie Wert.

Auch der Anwalt ginge müßig,
Richter wären überflüssig,
und Dragoner und Husaren
wären überflüss'ge Waren.
Ach, in diesem Weltgetümmel
wüchse wieder neue Not,
denn es brächte unser Himmel
manchen braven Mann ums Brot.

Wären alle Mädchen schön
und von außen und von innen
und vom Wirbel bis zum Zehn
zauberische Huldgöttinnen:
Zu alltäglich, zu gemein
würden schöne Mädchen sein.
Niemand würde auf sie blicken!

Wäre alles Diamant,
was jetzt Kiesel ist und Sand,
niemand möchte sich drum bücken.
Jeder wünscht zum neuen Jahr!
Aber würde alles wahr,
dann erst wär es um die Welt,
glaubt es, jämmerlich bestellt.

Wollet ihr die Welt verbessern –
(bloße Wünsche tun es nie,
Spiele sinds der Fantasie!) –
wollet ihr die Welt verbessern,
fange jeder an bei sich,
denn der Mittelpunkt der größern
Welt ist jeglichem sein Ich.
Dieses Ich wirft seine Strahlen,
einer innern Sonne gleich,
durch des Lebens weites Reich.
Wie es selber ist, so malen
sich die Dinge klein und groß,
prächtig oder farbenlos!

Heinrich Zschokke

Schnell läuft die Zeit!

Auch zu singen nach
der Melodie: »Alle Jahre
wieder«

Schnell wie alle Jahre läuft auch unsre Zeit!
Niemand kann sie halten. – Komm, mach dich bereit.

Schön wie alle Tage, so schön ist jede Stund.
Keiner sollte klagen, wenn dazu kein Grund.

Hast du gute Freunde, die dir zur Seite steh'n,
reich ihnen beide Hände, dann kann dir nichts gescheh'n!

Lasst uns miteinander – auch im neuen Jahr –
gute Freunde bleiben. – Das wär wunderbar!

Niemals lass dir rauben die Hoffnung auf das Glück.
Gott schenkt dir den Glauben. – Er lenkt dein Geschick!

So lasst uns zusammen in die Zukunft schau'n.
Auch in schweren Zeiten und mit Gottvertrau'n!

Solange wir uns lieben und zueinander steh'n,
wird auch Glück und Frieden niemals von uns geh'n!

Richtet drum voll Hoffnung vorwärts nur den Blick,
vergesst die kleinen Sorgen – schaut nicht mehr zurück!

Lasst uns nun begrüßen ein schönes neues Jahr!
Wir wären schon zufrieden, wenns wird, wie's alte war!